La fin du printemps

MÉMOIRES

La fin du printemps

John Freund

Traduction d'Aurélien Bonin

PREMIÈRE ÉDITION

Catalogage avant publication de Bibliothèque et Archives Canada

Freund, John, 1930–
La fin du printemps / John Freund ; traduction d'Aurélien Bonin.

(La collection Azrieli des mémoires de survivants de l'Holocauste. Deuxième série)
Traduction de : Spring's end.
Comprend des références bibliographiques et un index.
Publié aussi en version électronique
ISBN 978-1-897470-13-8

1. Freund, John, 1930–. 2. Holocauste, 1939–1945 – République tchèque – Récits personnels. 3. Enfants juifs pendant l'Holocauste – République tchèque – Biographies. 4. Survivants de l'Holocauste – Canada – Biographies. 5. Canadiens d'origine tchèque – Biographies.

I. Bonin, Aurélien, 1979– II. Fondation Azrieli. III. Titre. IV. Collection : Collection Azrieli des mémoires de survivants de l'Holocauste. Deuxième série.

D804.196.F7414 2009 940.53'18092 C2009-901517-X

Imprimé au Canada. Printed in Canada.

La Collection Azrieli des mémoires de survivants de l'Holocauste

Table des matières

La collection : Tel qu'ils l'ont écrit…

En racontant leur histoire, les auteurs ont pu se libérer. Pendant de longues années, nous n'en avons pas parlé, même une fois devenus citoyens de sociétés libres. Aujourd'hui, alors qu'enfin nous écrivons sur les expériences qui furent les nôtres durant cette période sombre de l'Histoire, conscients que nos récits seront lus et qu'ils nous survivront, il nous est possible de nous sentir complètement libérés. Ces documents historiques uniques aident à donner un visage aux disparus et permettent au lecteur de mesurer, récit après récit, l'énormité de ce qui est arrivé à 6 millions de Juifs.

David J. Azrieli, C.M., C.Q., MArch
Survivant de l'Holocauste, fondateur de la Fondation Azrieli

Depuis la fin de la Deuxième Guerre mondiale, plus de 30 000 Juifs rescapés de l'Holocauste sont venus s'installer au Canada. Leurs origines, les expériences qu'ils ont vécues, les nouvelles vies qu'ils ont bâties et les familles qu'ils ont fondées font partie intégrante du patrimoine canadien. Le Programme des mémoires de survivants de l'Holocauste a été créé pour rassembler, archiver et publier les témoignages historiques écrits par les déportés juifs établis au Canada. Le programme est animé par la conviction que chaque survivant porte une histoire remarquable à transmettre et que ces récits peuvent contribuer dans une vaste mesure à l'enseignement de la tolérance et du respect de l'autre.

Des millions d'histoires individuelles sont perdues à jamais. En publiant les récits des survivants au sein de la Collection Azrieli des mémoires de survivants de l'Holocauste, le programme s'engage à préserver de l'oubli ceux qui ont péri sous les assauts d'une haine encouragée par l'indifférence et l'apathie générale. Les témoignages personnels de ceux qui ont survécu dans les circonstances les plus improbables sont aussi différents que ceux qui les ont écrits, mais tous démontrent la somme de courage, d'endurance, d'intuition et de chance qu'il a fallu pour faire face et survivre à cette terrible adversité. Ces mémoires rendent aussi hommage aux personnes, amies ou inconnues, qui ont tendu la main au péril de leur vie et qui, par leur bienveillance et leur dignité dans les moments les plus sombres, ont souvent permis aux personnes persécutées de conserver leur foi en la nature humaine et le courage de lutter. Les témoignages des déportés et leur volonté de transmettre ce qui s'est passé aux jeunes générations suscitent l'admiration et servent de leçon.

Le Programme des mémoires de survivants de l'Holocauste rassemble ces témoignages importants et les rend accessibles gratuitement sous format imprimé aux bibliothèques canadiennes, aux organisations œuvrant pour la mémoire de l'Holocauste et aux participants des conférences organisées par la Fondation Azrieli. Une édition électronique de ces livres est disponible sur notre site web, www.azrielifoundation.org.

Le Centre d'études juives Israel & Golda Koschitzky, à l'Université York, a contribué sa compétence professionnelle et ses conseils à la préparation de ces mémoires en vue de leur publication. Les originaux des manuscrits reçus seront conservés aux Archives et collections spéciales Clara Thomas de l'Université York où ils sont disponibles pour consultation.

La Fondation Azrieli tient à faire part de sa reconnaissance à Tamarah Feder, directrice du programme et éditrice-en-chef de 2005 à 2008, pour sa contribution à la mise en place du Programme des mémoires de survivants de l'Holocauste, ainsi que pour son travail sur la première et la deuxième séries d'ouvrages de la collection. Nous remercions également les personnes suivantes pour leur aide précieuse à la production de la présente série : Mary Arvanitakis, Elin Beaumont, François Blanc, Aurélien Bonin, Florence Buathier, Mark Celinscak, Nicolas Côté, Jordana DeBloeme, Darrel Dickson (Maracle Press), Andrea Geddes Poole, Sir Martin Gilbert, Esther Goldberg, Mark Goldstein, Elizabeth Lasserre, Lisa Newman, Carson Phillips, Susan Roitman, Judith Samuels, Randall Schnoor, Erica Simmons, Jody Spiegel, Mia Spiro, Erika Tucker et Karen Van Kerkoerle.

Préface

Dans ses mémoires, *La fin du printemps*, John Freund raconte sa vie qui débuta par une enfance heureuse, au sein d'une famille soudée et aimante, pour connaître ensuite les terribles expériences qui le conduisirent à Theresienstadt, au Camp Familial d'Auschwitz et aux marches de la mort. Il survécut jusqu'à la libération et, une fois rétabli, il trouva enfin refuge au Canada où il commença une nouvelle vie. C'est donc l'histoire d'une survie, celle d'un jeune homme qui fut témoin de beaucoup d'atrocités et qui perdit tout ce qui lui était cher. C'est aussi l'histoire d'une renaissance rendue possible par la volonté de reconstruire sa vie. John avait le désir de vivre et de rendre hommage à ses parents et à son éducation en faisant des études, en apprenant un métier, en fondant une famille et en étant fier d'être citoyen d'un nouveau pays.

John Freund est né en 1930 dans une famille éduquée et établie de longue date à České Budějovice, ville située à environ 160 kilomètres au sud de Prague dans la partie sud de la Bohème, une province de la Tchécoslovaquie. À la naissance de John Freund, České Budějovice était une cité prospère d'environ 50 000 habitants, comprenant une communauté juive de 1 138 personnes. Le père de John Freund, Gustav, était un pédiatre dévoué et apprécié. Sa famille était, selon les mots de John Freund, « *bien enracinée* » à České Budějovice : depuis des générations, ils y avaient été juges, enseignants et hommes d'affaires. La mère de John Freund, Erna, avait grandi dans la ville tchèque de Pisek et avait reçu une éducation exemplaire. Elle inculqua à ses deux fils, John et Karel, l'amour de la littérature et de la musique. La famille élargie, des deux côtés – des musiciens, des scientifiques, des éditeurs, des banquiers et des hauts fonctionnaires – vivait à Vienne et à Prague.

Pour John Freund, la vie avant la guerre fut pleine des joies propres à l'enfance : le football[1], l'école et les incartades habituelles des petits garçons. Il passait ses étés dans une ferme située dans un village des environs, appréciant la liberté de la vie à la campagne – nager, faire du vélo et des randonnées en forêt. Mais lors de ses premières années d'école, John Freund était le seul enfant juif et, comme il l'écrit : « *Je n'avais pas conscience d'être différent des autres enfants du fait que j'étais juif* ». La famille de John Freund, comme beaucoup de familles, se définissait comme « *vraiment tchèque* » bien que son grand-père, Alexander Freund, ait insisté pour que ses enfants reçoivent une éducation religieuse juive. Pour la famille de John Freund (et d'autres Juifs tchèques), il n'était pas aisé de s'intégrer à une identité à la fois religieuse, culturelle et nationale. John Freund évoque les sentiments de son grand-père qui, en 1927, bien qu'il « [*lui avait été*] *conseillé de se faire baptiser pour obtenir une promotion,* [...] *avait refusé d'abandonner le judaïsme.* » C'était une époque où les Juifs étaient admis dans les professions libérales et acceptés dans la société s'ils reniaient leur religion. Beaucoup optèrent pour cette solution afin d'améliorer leur position sociale et de se mettre à l'abri du danger. Bien d'autres choisirent de continuer de vivre en tant que Juifs.

La Tchécoslovaquie fut créée en tant que nation en 1918, après la Première Guerre mondiale, à la suite de l'implosion de l'empire austro-hongrois. Son premier président, Tomáš G. Masaryk, créa une constitution et une société démocratiques, mais, du fait de la crise économique mondiale de 1929, les minorités du pays – les Ruthènes, les Slovaques, les Hongrois et les germanophones des Sudètes – firent

1 Il s'agit du football selon les règles européennes, ou soccer.

pression pour obtenir une plus grande autonomie. L'Allemagne nazie tira parti de cette instabilité pour étendre ses ambitions territoriales. En mars 1938, l'Allemagne annexa l'Autriche, pays voisin. En octobre 1938, avec l'approbation de la Grande-Bretagne et de la France, les Allemands envahirent la partie tchécoslovaque des Sudètes. Cinq mois plus tard, l'Allemagne annexa les provinces tchèques de Bohème et de Moravie, y compris la capitale tchèque, Prague, ainsi que la ville natale de John Freund, České Budějovice.

Sous l'occupation allemande, la vie des Juifs de České Budějovice fut radicalement bouleversée. Les services publics, les restaurants, les cinémas et, plus significativement pour John Freund, les écoles, autrefois ouvertes à tous, furent immédiatement fermés aux Juifs par un décret allemand. Comme John Freund l'écrit : « *Les pessimistes pensaient que, dans un an ou deux, tout serait rentré dans l'ordre, alors que les optimistes pensaient que c'était une question de semaines. De fait, la guerre a duré six ans et, pour nous, les choses ne sont jamais rentrées dans l'ordre.* » John Freund avait 9 ans.

Exclus du reste de la communauté, c'est entre eux que John Freund et ses amis juifs se retrouvaient et se soutenaient. Pour continuer de mener une vie normale, les familles juives organisèrent des écoles dans des maisons privées et des groupes de jeunesse, croyant que le pire était passé. Pendant les étés 1940 et 1941, les enfants de la communauté se rendaient sur une étroite bande de terre le long de la Vltava, endroit où les Juifs étaient autorisés à nager, à jouer au football ou encore au ping-pong, son activité préférée. John Freund et ses jeunes amis commencèrent un magazine, *Klepy* (« Potins »), rédigé à la main et illustré d'histoires, de dessins, de blagues et de brèves. Une seule copie de chaque numéro était imprimée que l'on se passait de main en main avec soin[2]. À l'époque où les Juifs de Pologne étaient rassemblés dans des ghettos dans des conditions de plus en

2 Les originaux sont conservés au Musée du judaïsme de Prague (*Židovské muzeum v Praze*).

plus terribles, John Freund et ses amis « [*appréciaient*] [*chaque journée*] *qui passait et* [*priaient*] *pour que l'été 1941 ne prenne jamais fin. Pour beaucoup, cet été a été le dernier.* » John Freund avait 11 ans.

Le 18 avril 1942, 909 Juifs originaires de České Budějovice, dont Gustav et Erna Freund, ainsi que leurs fils Karel et John, furent déportés vers Terezín (Theresienstadt, en allemand), l'ancienne ville de garnison tchèque que les Allemands utilisaient comme ghetto et camp de transit. Durant le mois d'avril 1942, cinq convois venus de Prague et des régions alentour atteignirent Theresienstadt avec un total de 4 832 Juifs. À cette époque, la population du ghetto s'élevait à 12 986 individus, tous issus de Bohème et de Moravie. Durant les trois ans et demi de son fonctionnement, près de 140 000 personnes ont transité par Theresienstadt : des Juifs de Bohème et de Moravie, d'Allemagne, d'Autriche, de Hollande, du Danemark et de Slovaquie.

Du fait du nombre important de personnes déportées vers Theresienstadt, les conditions de vie dans le ghetto étaient terribles. Les habitants en surnombre souffraient de malnutrition, de maladies et de la peur omniprésente des déportations si fréquentes et si redoutées. Toutefois, vers la fin de 1942, afin de renforcer l'illusion que les Juifs vivaient bien à Theresienstadt avant d'être réinstallés « à l'Est » et de contrer l'inquiétude grandissante quant à leur bien-être, les Allemands autorisèrent les détenus à participer à des activités culturelles. Un simulacre de ville, les concerts, le théâtre, l'art et la poésie devaient donner l'image d'un « camp modèle » et faisaient partie intégrante de la machine de propagande nazie. En septembre 1944, les nazis ordonnèrent à l'un des détenus, Kurt Gerron, éminent réalisateur juif allemand d'avant-guerre, de réaliser un film de propagande, *Le Führer offre une ville aux Juifs,* afin de maintenir l'illusion que les Juifs étaient bien traités. Le film ne fut jamais montré durant la guerre parce que trop peu de scènes parvenaient à faire passer les impressions positives recherchées par les nazis.

Aujourd'hui nous savons que les centaines de milliers de Juifs d'Europe de l'Ouest et d'Europe centrale qui furent arrêtés et transportés dans des camps de transit furent en fait déportés pour mourir à Auschwitz, Chełmno, Treblinka, Sobibór, Bełżec et Maly Trostinets.

Pour les prisonniers juifs de Theresienstadt, ces activités culturelles devinrent, comme le note le chroniqueur Zdenek Lederer dans son étude de référence, *Ghetto Theresienstadt*, « *le point de convergence de la réalisation artistique et une arme de résistance spirituelle et intellectuelle pour les Juifs.* » C'est cette expression créatrice qui rendait la vie à Theresienstadt différente de la vie dans les autres camps et les autres ghettos. L'art et la création artistique témoignent de la résistance au mal qui exista partout et à tous les niveaux. Durant l'année et demie où John Freund fut prisonnier à Theresienstadt, il put profiter de ces activités intellectuelles. Il rédigea des poèmes pour le magazine hebdomadaire d'actualité, suivit des exposés donnés par des enseignants et monta des pièces de théâtre. Il fit même sa Bar Mitzvah à Theresienstadt, recevant l'enseignement de son rabbin de České Budějovice. Pour les prisonniers, retrouver une vie normale en dépit des privations qu'imposait leur détention était primordial – et ils y parvenaient tant bien que mal.

En décembre 1943, la famille Freund fut déportée de Theresienstadt. Aucun des déportés ne savait où ils étaient emmenés, ni ce qui était arrivé à ceux qui avaient été déportés avant eux. On leur dit simplement qu'on les envoyait « *vers l'Est* ». Les Freund voyagèrent deux jours, entassés et enfermés dans un wagon à bestiaux. À leur arrivée, on leur dit qu'ils se trouvaient dans un endroit appelé Auschwitz. John Freund écrit : « *On se serait cru sur une autre planète.* » C'était le cas. John Freund avait 13 ans.

Les Juifs venus de Theresienstadt reçurent un accueil différent de celui réservé aux centaines de milliers d'autres Juifs qui furent déportés à Auschwitz entre l'été 1942 et novembre 1944. En général, dès la sortie du train, les nazis procédaient à la *Selektion*, choix opéré entre ceux qui étaient valides et de ce fait capables de travailler, et les autres (personnes âgées, infirmes, très jeunes enfants accompagnés de leur mère) qui allaient être tués. À la différence de la procédure habituelle, les Juifs de Theresienstadt ont été autorisés à rester groupés par familles. Ils ont été emmenés au camp B-IIb dans la section Birkenau d'Auschwitz, connue par la suite sous le nom de « Camp Familial Tchèque ».

Le Camp Familial Tchèque avait été créé à Auschwitz après l'arrivée de 5 006 Juifs de Theresienstadt le 8 septembre 1943. Les familles de prisonniers juifs n'étaient pas séparées et avaient des conditions légèrement meilleures que partout ailleurs à Birkenau. Ici encore, comme à Theresienstadt, l'intention des nazis était de contrer les nouvelles du massacre de masse de Juifs qui commençait à filtrer vers l'Ouest. Pour maintenir le mensonge selon lequel ils avaient été simplement réinstallés à l'Est, on forçait ces prisonniers tchèques à écrire des cartes postales aux membres de leurs familles qui étaient encore en Tchécoslovaquie. Parmi les prisonniers du Camp Familial Tchèque détenus depuis septembre, un millier périt durant l'hiver. Des docteurs et des couples de jumeaux contraints de se soumettre à des expériences médicales furent retirés du groupe. Le reste fut tué dans les chambres à gaz le 7 mars 1944, six mois après leur arrivée.

Parvenus à Auschwitz le 16 décembre 1943, John Freund et sa famille faisaient partie du second groupe à habiter le Camp Familial Tchèque. Six mois plus tard, le 2 juillet 1944, sur les quelques 10 000 Juifs du Camp Familial Tchèque, 3 080 furent sélectionnés – 2 000 femmes et 1 000 hommes qui furent tous déportés dans des camps de concentration ailleurs en Allemagne, et 80 jeunes garçons à qui on fit suivre une formation professionnelle. Lors de cette sélection, John Freund faisait partie des jeunes garçons, son frère et son père des hommes. Erna Freund faisait partie des 3 000 femmes et enfants qui furent emmenés dans les chambres à gaz le 10 juillet.

Rudolf Vrba, un prisonnier juif slovaque qui avait été chargé de l'enregistrement à Birkenau, était libre de circuler entre le Camp Familial Tchèque et d'autres zones de Birkenau. En mars 1944, il transmit des messages du mouvement de résistance d'Auschwitz révélant que le *Sonderkommando*, dont le travail consistait à évacuer les cadavres des chambres à gaz, était prêt à faire acte de résistance le 7 mars si les Juifs tchèques lançaient le mouvement. Rudolf Vrba demanda à Freddy Hirsch, que John Freund connaissait bien, de donner le signal de la résistance. Freddy Hirsch avait travaillé avec les jeunes enfants du Camp Familial Tchèque et ne pouvait se faire à l'idée de ce qui allait arriver. Il se donna la mort le 6 mars. En dépit de quelques luttes individuelles, les actes de résistance menés dans les chambres à gaz n'eurent pas l'effet escompté. Les Juifs tchèques entrèrent dans les chambres à gaz en chantant l'hymne national tchèque et *Hatikvah* (Espoir), aujourd'hui l'hymne national d'Israël.

Rudolf Vrba et la résistance savaient que ceux qui étaient arrivés en décembre seraient tués dans six mois, de la même manière qu'avaient été tués en septembre ceux qui étaient arrivés en mars. Lui et son camarade juif slovaque, Alfred Wetzler, s'évadèrent d'Auschwitz le 7 avril avec l'intention d'avertir le monde que la soi-disant « destination inconnue dans l'Est » était un centre d'extermination et que l'assassinat des habitants du Camp Familial Tchèque était imminent. Leur rapport, parvenu à l'Ouest, fut connu sous le nom de « Rapport Vrba-Wetzler ». Il fut par la suite complété par les témoignages d'un autre Juif slovaque, Arnost Rosin, et d'un Juif polonais, Czesław Mordowicz, tous les deux évadés en mai. Ils révélaient que les Juifs hongrois étaient à ce moment-là en train d'être déportés pour être tués à Auschwitz. Ces quatre rapports furent fusionnés et constituèrent les premiers récits de témoins directs sur la nature et l'objectif d'Auschwitz. Ces renseignements arrivèrent en juin 1944 alors qu'avait lieu le débarquement de Normandie et que l'Allemagne était engagée militairement sur les deux fronts, est et ouest. Le rapport ne permit pas d'arrêter les gazages dans le Camp Familial Tchèque, ni la déportation de dizaines de milliers de Juifs depuis les provinces hongroises, mais il joua un rôle crucial dans l'arrêt des déportations depuis Budapest.

John Freund parvint à survivre à Auschwitz jusqu'en janvier 1945, date à laquelle les nazis évacuèrent le camp. Les nazis étant forcés de fuir vers l'ouest pour échapper à l'armée soviétique, John Freund se retrouva avec un millier d'autres à participer à une marche de la mort de janvier à avril, date à laquelle il fut libéré par les troupes américaines.

L'existence du massacre en masse de Juifs ayant filtré vers le monde extérieur au cours de la Deuxième Guerre mondiale, deux importantes opérations de dissimulation furent conçues par les nazis afin de faire croire au monde non juif que les « rumeurs » étaient fausses et de faciliter l'embarquement des Juifs d'Europe dans les trains de déportation qui devaient les conduire à la mort. Ces deux simulacres, Theresienstadt et le Camp Familial Tchèque de Birkenau, tiennent une place importante dans l'histoire de l'Holocauste. Les mémoires de John Freund décrivent en détail son expérience dans ces deux camps.

Les mémoires de John Freund illustrent aussi l'état de la Tchécoslovaquie d'après-guerre et nous montrent quels furent les choix auxquels furent confrontés les gens à cette époque. Après sa libération, John Freund se rendit à Prague pour reprendre sa scolarité et essayer de retrouver et de reprendre le contact avec ses amis qui avaient survécu. L'instabilité politique en Tchécoslovaquie et les visées impérialistes de Staline sur le pays poussèrent John Freund à se mettre en quête d'un moyen de partir.

Le 12 mars 1948, John Freund quittait Prague avec un groupe de trente enfants âgés de moins de 18 ans pour commencer une nouvelle vie au Canada. Ils faisaient partie des 16 000 survivants venus au Canada dans les cinq premières années d'immédiate après-guerre. Il épousa une Juive tchèque qui avait trouvé asile au Canada avant la guerre avec sa famille. Celle-ci faisait partie des 6 000 Juifs allemands, autrichiens et tchèques venus au Canada entre 1933 et 1938. La contribution du Canada à l'accueil des réfugiés, avant et après la guerre, fut conséquente. L'histoire de la seconde vie de John Freund au Canada révèle un esprit qui, bien que meurtri, ne put être détruit, s'élevant au-dessus de la dépravation humaine pour se construire une vie stable autour d'une femme aimante, d'enfants et d'une carrière professionnelle.

Sa passion pour la musique, l'art, la poésie et la vie put s'épanouir malgré les atrocités dont il fut témoin et qu'il eut à endurer lorsqu'il était enfant. Mais c'est son enfance et les années passées auprès de ses parents qui l'ont influencé après la guerre. L'amour que tant de survivants avaient connu chez eux avant la guerre, ainsi que l'éducation juive qu'ils avaient reçue les aidèrent à retourner vers leurs racines après la libération, à reprendre l'éducation dont ils avaient été si cruellement privés durant les années de terreur et de guerre et à reconstruire les familles et les foyers qu'ils avaient perdus. *La fin du printemps* témoigne de la force que possède l'esprit humain pour survivre et de son besoin vital de paix et de bonheur.

Esther Goldberg
London, Ontario
Août 2007

RÉFÉRENCES BIBLIOGRAPHIQUES:

Czech, Danuta. *Auschwitz Chronicle, 1939–1945*. Londres: I.B. Taurus & Co. Ltd, 1990.

« České Budějovice », *Encyclopedia Judaica*. Jerusalem: Keter Publishing House, 1972.

Gilbert, Martin. *Atlas of the Holocaust*. Londres: Routledge, 2002.

Gilbert, Martin. *Auschwitz and the Allies*. Londres: Pimlico, 2001.

Gilbert, Martin. *The European Powers, 1900–1946*. Londres: Phoenix, 2002.

Gilbert, Martin. *The History of the Twentieth Century, Volume 1, 1900–1933*. Londres: HarperCollins, 1997.

Goldberg, Esther. *Holocaust Memoir Digest, Volume 1*. Londres: Vallentine Mitchell, 2004.

Lederer, Zdenek. *Ghetto Theresienstadt*. New York: Fertig, 1983.

Note de l'éditeur

Le style très particulier de John Freund nous livre, peints sur le vif, les souvenirs d'une innocence presque enfantine avec l'intensité que ces souvenirs ont encore pour lui à l'âge adulte. Le manuscrit original, consultable aux Archives Clara Thomas / Collection spéciale de l'Université York, fut rédigé sur plusieurs années. Ce texte original contient des récits récurrents de certaines expériences, chaque version étant racontée comme si John Freund les observait d'un angle différent, décrivant ce qu'il voyait dans les paysages de sa mémoire. Les mémoires que vous lirez ici ont été édités afin de réduire le risque de confusion potentielle, inhérent à ce type d'anecdotes répétitives, et pour aider à faire émerger un récit clair. Toutefois, ces répétitions, ainsi que la remémoration de faits en apparence anodins mais en réalité d'une grande puissance évocatrice sont révélatrices de la manière dont John Freund revit les événements de sa vie, sciemment ou non. Ceci nous montre dans le même temps que la libération des camps de concentration ne mit pas nécessairement un terme à la souffrance, au travail de deuil ou à la colère. Chez John Freund comme chez de nombreux survivants, la détermination et une imagination nourrie d'espoir cohabitèrent avec de douloureux et angoissants souvenirs pour recréer un semblant de ce qui leur avait été volé.

Enfant déjà, je savais que je voulais écrire. À 13 ans, j'ai composé le poème ci-dessous alors que je me trouvais dans le ghetto de Terezín :

Voilà déjà cinq ans
Qu'un diable a piétiné la paix.
La mort s'est déplacée de maison en maison;
La guerre a apporté avec elle des temps terribles.
Mères et filles allument des bougies
À la mémoire des êtres aimés
Que jamais plus elles ne reverront.

Permettez-moi de commencer mon histoire par mon enfance, une période de paix, avant l'arrivée du diable en 1939.

Enfance

Mon enfance a été pleine de joie et d'aventures, parfois de tristesse. Ma famille, les Freund, se composait de mon père Gustav, de ma mère Erna, de mon frère aîné Karel et de moi-même[1]. Nous habitions une ville appelée České Budějovice, située à l'intersection de deux rivières, la Vltava (en allemand, la Moldau) et la Malše, dans le sud de la Bohème. Notre ville, qui comptait 50 000 habitants, se trouvait à 120 kilomètres au sud de la belle ville de Prague, capitale de la Tchécoslovaquie.

Enfant, j'adorais jouer dans l'eau pendant l'été et dans la neige pendant l'hiver. Plus grand, j'ai appris à nager et à patiner. Nous faisions beaucoup de choses en famille. Mon père possédait une voiture, ce qui était rare au début des années 1930, et le dimanche nous prenions la voiture et quittions la ville pour nous rendre dans la chaîne de montagnes qui se trouvait non loin, la Šumava. Nous y pique-niquions et escaladions la montagne. Parfois, d'autres familles se joignaient à nous, ce qui nous faisait toujours plaisir.

Nous passions l'été dans un petit village près de la Šumava, à 30 kilomètres à peine de Budějovice. Mon père était pédiatre et ne

---

1 À la naissance, on m'avait donné le nom de Hanus qui m'a déplu par la suite. Alors, à l'âge de cinq ans, on l'a changé pour Jan.

pouvait pas nous accompagner puisqu'il avait du travail. Nous faisions des promenades en forêt et nous nous baignions dans de petits étangs. J'adorais m'asseoir au pied d'un grand arbre situé au bord de la route et attraper des papillons avec mon filet.

Budějovice était une ville ancienne, fondée au Moyen Âge par le roi de Bohème, Ottokar II. Budějovice était parfois désignée par son nom allemand, *Budweis*. On brassait de la bière dans notre ville depuis le XIVe siècle, mais ce n'est que beaucoup plus tard qu'une brasserie a commencé à exporter de la bière, connue sous le nom de *Budweiser*. Dans des temps anciens, Budějovice avait dû se protéger des envahisseurs. Un vieux mur en ruine était resté de cette époque, ainsi qu'une haute tour noire dans le centre de la ville. Tous les garçons de Budějovice prouvaient leur courage en grimpant jusqu'au sommet de la tour Noire par d'étroits escaliers en colimaçon, dans l'obscurité la plus complète. Dans la tour Noire se trouvait une « vierge de fer ». Bien que je n'aie jamais vu cet instrument de torture, une rumeur circulait d'après laquelle, au Moyen Âge, des prisonniers étaient jetés à l'intérieur de cet objet invraisemblable. Il y avait des clous à l'intérieur et l'on disait de son socle en métal qu'il était chauffé à blanc. Personne n'en ressortait vivant. Tout enfant ayant grandi à Budějovice connaissait l'existence de cet engin de torture. Qu'il n'ait pas servi depuis le Moyen Âge ne faisait pas grande différence. Qui sait quand il serait de nouveau utilisé ?

Ma famille habitait dans un immeuble proche du centre de la ville. L'immeuble appartenait à un riche boucher, M. Kocer, et à sa femme. Ils avaient fait fortune durant la Première Guerre mondiale. Ils avaient leur boucherie au 11 rue Jírovcova où nous habitions au moment de ma naissance en 1930, jusqu'à notre expulsion en avril 1942.

Notre appartement était vaste. Il avait son propre escalier d'accès depuis la cage d'escalier principale. Mon frère et moi dormions et jouions dans la chambre d'enfants.

Mon frère Karel avait trois ans de plus que moi et était un enfant difficile. Il me prenait toujours mes affaires, me frappait et me donnait des coups de pieds. Nous nous battions tout le temps. On me considérait comme le gentil et lui comme le mauvais garçon. Lorsque j'avais 7 ans, j'ai failli tuer Karel. Notre immeuble comprenait une petite cour avec plusieurs garages et cette petite cour était entourée d'une haute barrière. Un jour, mon frère a refermé la barrière derrière moi, m'enfermant dans la cour. Je l'ai supplié de me laisser sortir, mais il s'est contenté de rire. J'ai alors pris une pierre qui se trouvait non loin de là et l'ai lancée par-dessus la barrière. Il l'a reçue en pleine tête. Karel en a eu une grosse entaille et a commencé à saigner abondamment. Il a été emmené en catastrophe à l'hôpital et la plaie a été refermée avec des points de suture. Cela m'a attiré de gros problèmes. J'ai eu droit à un long sermon et mes parents ont demandé au rabbin de la ville, le Dr Ferda, de venir me parler de mon méfait. Il m'a posé des questions telles que : « Et si une mère s'était trouvée là avec une poussette et que la pierre était tombée sur le bébé ? »

Comme vous pouvez le constater, mon frère et moi étions plutôt chahuteurs. En fait, mes parents se faisaient constamment menacer d'expulsion à cause de nous. Rien d'étonnant au fait que nous attirions les autres enfants tapageurs. Un jour, le bruit était si fort dans notre appartement que la propriétaire, Mme Kocer, est venue frapper à notre porte. Personne n'a osé aller lui ouvrir ! Elle a fini par enfoncer la porte de devant, pour finalement trouver dans l'appartement un groupe de garçons, assis sur des armoires et cachés dans les coins. Je m'étais caché dans les toilettes et elle m'a poursuivi autour de notre magnifique table de salle à manger en me menaçant d'un balai. Lorsqu'elle m'a attrapé, j'ai eu droit à des coups de balai !

Mes parents étaient des personnes plutôt calmes, surtout ma mère. Elle était très petite et très jolie. J'adorais aller en commissions avec elle dans les charcuteries de la grand-place. Je finissais toujours par avoir une saucisse coupée en tranches fines dans un petit pain frais.

~

Ma mère était née et avait grandi dans un petit village tchèque appelé Pisek. Elle n'était allée qu'à des écoles tchèques et n'aimait pas lorsque des gens parlaient en allemand autour d'elle[2]. Son nom de jeune fille était Jung. Les Jung étaient des progressistes : mon oncle Leopold, le frère de ma mère, avait été envoyé dans une école de droit et ma mère et sa sœur avaient fait des études secondaires. Ma mère était très fière d'être diplômée d'un *Gymnasium*[3].

Ma mère aimait lire et discuter de livres avec ses amies et elle se rendait souvent à la bibliothèque. Elle avait l'air triste et avait souvent le regard dans le vide. Je pense que son frère et sa sœur, dont elle était très proche, lui manquaient. Son frère Leopold (Poldi) habitait à Prague et occupait un poste haut placé dans l'administration fiscale. Il était marié à Manja, une agréable femme au visage rond et ils avaient deux filles.

Ma mère était encore plus proche de sa sœur Anna (Anda de son surnom) qui habitait à Innsbruck, en Autriche. Les deux sœurs correspondaient fréquemment. Anda était une belle femme. Elle avait rencontré son mari, Robert Fleck, dans le train, vers 1917. C'était un grand et bel homme et il portait l'uniforme autrichien, exactement

---

2 L'identité nationale dans la Tchécoslovaquie de l'entre-deux-guerres était une question très controversée. La Bohème et la Moravie réunissaient une population allemande de trois millions de personnes. Avant la création de la Tchécoslovaquie en 1918, la région faisait partie de l'Empire austro-hongrois. De ce fait, les Juifs de Tchécoslovaquie étaient fortement occidentalisés et assimilés puisqu'ils avaient obtenu leur émancipation en 1867 sous l'Empire austro-hongrois. Durant la période de l'entre-deux-guerres, les Juifs de Bohème et de Moravie furent forcés de choisir entre les deux cultures dominantes de la région – allemande et tchèque. La plupart optèrent linguistiquement pour la culture noble allemande plutôt que pour la culture tchèque en envoyant leurs enfants dans des écoles de langue allemande. Toutefois, cette situation était loin d'être simple. (cf. Mendelsohn, Ezra. *The Jews of East Central Europe between the World Wars*. Bloomington : Indiana University Press, 1987, pp 131–169.)

3 L'équivalent d'une école secondaire au Canada, ou d'un lycée en France.

comme celui que portait le père d'Anda. Ils étaient jeunes et étaient tombés amoureux. Je ne sais pas à quel point mes grands-parents du côté Jung étaient pratiquants. Quoiqu'il en soit, ils avaient été très affectés par le fait qu'Anda épouse un non-Juif. Néanmoins, Anda et Robert ont été très heureux ensemble.

Ma mère et Anda jouaient toutes les deux très bien du piano. Je me rappelle ma mère jouant des valses de Chopin; pourtant elle persistait à dire qu'Anda était bien meilleure pianiste qu'elle. Mes parents pensaient que moi aussi j'avais un don pour le piano et ils m'avaient organisé des cours. L'un de mes professeurs était une femme et s'appelait Mme Jeremiašova, un nom d'origine biblique. Vingt-cinq ans auparavant, c'était elle qui avait été le professeur de ma mère. J'ai pris des cours de piano pendant trois ans, jusqu'en 1941.

Je connais une anecdote intéressante sur le grand-père de ma mère, Jacob Jung. Il avait été professeur dans le secondaire et avait enseigné les langues anciennes, comme le latin et l'hébreu. Il avait très mauvais caractère. Un jour, il s'est fâché contre l'un de ses élèves et lui a tiré l'oreille si fort que du sang a commencé à jaillir. Cela a fait scandale, mais on a pardonné au professeur Jung – jusqu'à la fois suivante. Lorsque la fois suivante est arrivée, emporté par la colère, il a pris une lampe à huile allumée, posée sur le bureau et l'a jetée sur un élève en train de somnoler dans la salle de classe. Cela a signé la fin de cette partie de sa carrière – plus de cours pour le professeur.

L'un des fils de Jacob Jung s'appelait Adolf – un nom respectable avant que la bête, Adolf Hitler, ne le rende infâme. L'Adolf de notre famille s'était enfui de la maison lorsqu'il avait onze ans et avait rejoint un camp militaire pour devenir cireur de chaussures. Il a passé le reste de sa vie dans l'armée. Il a gravi les échelons jusqu'à devenir major dans la puissante – à cette époque – armée austro-hongroise. Il s'agissait d'un grade très élevé pour un Juif. Il ressemblait un peu à l'empereur François-Joseph, le grand chef de l'Empire austro-hongrois. Adolf était le père de ma mère.

Je me souviens des parents de ma mère comme étant très âgés. Ils habitaient Prague. Mon grand-père Adolf, qui portait encore son uniforme de major, était presque sourd. Ma grand-mère Rosa était très élégante. On m'avait dit qu'elle était issue d'une famille aristocratique très fortunée. Ma grand-mère détonnait dans le milieu militaire. Elle avait la peau mate, était belle et fière de ses origines espagnoles. Son nom de jeune fille était Fischof. Ses deux parents étaient morts très jeunes et elle avait donc été élevée par deux oncles fortunés dans une ville qui s'appelait Suceava, en Roumanie. Ses oncles possédaient la plus belle maison de la ville. Elle existe encore aujourd'hui et, dans les années 70, elle a servi de quartier général au parti communiste local. Des servantes s'occupaient de Rosa et ses oncles avaient insisté pour qu'elle reçoive une bonne éducation et ne soit pas gâtée. En 1890, alors qu'elle avait 17 ans, elle a épousé Adolf le soldat, fils d'un professeur du secondaire sans emploi. Elle a reçu 2 000 pièces d'or pour son trousseau. Imaginez !

Rosa avait une sœur dont j'ignore le nom, mais la fille de sa sœur s'appelait Hansi Biener. Ma tante Hansi est venue vivre à Toronto en 1950. Elle était très excentrique, terriblement snob et c'était une grande pianiste. Enfant, elle avait voyagé de par le monde avec un groupe de musiciens et donné des concerts à Détroit et à Windsor dans les années 20. Tante Hansi était fière de nous raconter que les Fischof, il y a longtemps, avaient été une famille renommée de Vienne puisque l'arrière-arrière-grand-père Fischof avait été un célèbre professeur de musique du conservatoire de Vienne.

~

Mon père riait et plaisantait beaucoup mais, lui aussi, comme ma mère, avait l'air triste. Il était pédiatre et faisait sans doute siens les nombreux soucis des mères de ses jeunes patients. Il se rendait régulièrement dans un café du quartier. Les enfants n'avaient pas le droit d'entrer dans ce club élégant et très enfumé où les hommes jouaient aux cartes, lisaient le journal, parlaient politique et faisaient je ne sais quoi d'autre. Mon père avait fait ses études à Berlin et parlait tchèque avec un accent allemand. Il appartenait à la population juive germanophone de la Tchécoslovaquie.

Quand j'étais petit garçon, j'adorais être malade puisque je pouvais alors profiter de toute la gentillesse de mon père. Souvent, mon père passait de longues heures avec des enfants très malades, à les encourager et à leur redonner confiance pour qu'ils guérissent. Il lui arrivait souvent de veiller jour et nuit auprès d'un enfant jusqu'à ce que le plus dur soit passé. Plus tard, à Terezín , quand il était médecin de notre logement dans le ghetto, j'étais très fier de le voir aller et venir dans sa blouse blanche.

La famille de mon père était originaire de Budějovice. Mon grand-père Alexander, que je n'ai jamais connu, avait été juge de comté et il avait son cabinet dans la mairie de Budějovice. Il paraît qu'il était strict et que c'était un personnage très atypique car il lui arrivait souvent de marcher à travers la ville en se parlant à lui-même. Il est mort en 1927. Le père de mon grand-père Alexander s'appelait Moishe et c'était un homme d'affaires. Je ne sais rien de plus sur les Freund, mis à part que l'un des frères de Moishe est parti pour l'Angleterre et qu'il se peut que sa famille ait déménagé en Amérique.

Il me semble que ma grand-mère Hermine, la femme d'Alexander, était la matriarche de ma famille. Hermine était issue de la famille des Bondy qui était riche et possédait une usine de farine à Prague. Le seul membre de la famille Bondy dont je me souvienne était mon arrière-grand-mère Veronika, la mère d'Hermine. Veronika a vécu jusqu'à l'âge de 102 ans et est décédée à Prague en 1940. Elle y avait habité avec ma grand-mère Hermine dans un immeuble vieux et sale qu'elles possédaient dans la rue Karlin. Il existe encore à Prague et nous en possédons encore une partie.

Quand j'étais petit, j'avais peur de ma grand-mère et de mon arrière-grand-mère, Hermine et Veronika. À cette époque, Veronika avait passé les 90 ans et était toujours en train de cracher dans un mouchoir. Deux autres femmes partageaient leur sombre appartement. L'une des deux femmes était leur servante dévouée et l'autre la fille non mariée d'Hermine – ma tante Randa. C'était une « vieille fille » assez bizarre. Je sais peu de choses sur elle, à part que les Freund ne parlaient d'elle qu'à voix basse.

Si ma tante Randa était étrange, sa sœur Else l'était encore plus. On ne parlait jamais d'elle en présence d'enfants. À ce qu'on raconte, tout avait commencé lorsque, dans les années 20, ma tante avait commencé à croire à une sorte de pouvoir surnaturel et avait rejoint une organisation qui promouvait de telles croyances. Elle avait arrêté de prendre soin d'elle, avait commencé à se suralimenter, à boire beaucoup; elle fréquentait des gens peu recommandables. Un homme était entré dans sa vie – un petit escroc. Contre l'avis de sa famille, elle était partie habiter avec lui à Berlin. Tout ce qui l'intéressait, lui, c'était, non pas sa personne, mais l'argent qu'elle possédait. Elle est tombée enceinte et est décédée lors de l'accouchement. C'est ainsi que s'est achevée cette triste histoire.

Mon père avait une troisième sœur, Anna, qui était toujours d'une propreté irréprochable, confiante et pleine d'élan. Elle était mariée à un homme strict et sûr de lui qui s'appelait Maximilian Weiss. Les Weiss habitaient à Prague dans un grand et bel immeuble si moderne qu'il était équipé d'un ascenseur. On prenait l'ascenseur dans l'appartement et il menait directement à l'entrée de l'immeuble. À cette époque, il n'y avait qu'un nombre restreint d'immeubles de ce type dans le monde. Mon oncle Max était un homme brillant. Il était professeur dans une école de commerce très réputée et est devenu par la suite directeur et gérant de la grande Union Bank. Il était très rare qu'un Juif occupe un poste si important. Mon oncle Max était issu d'une famille humble et pratiquante, mais il n'a pas vraiment transmis de tradition religieuse à ses enfants.

Les Weiss faisaient partie de la haute société et n'aimaient pas venir rendre visite à leur frère Gustl, docteur à Budějovice, à sa femme « bas bleus »[4] et à leurs deux fils mal élevés. Malgré cela, les Weiss étaient admirables. Ils avaient trois enfants : Willie, Hans et Marianne.

---

4 Terme péjoratif utilisé pour parler de femmes intellectuelles ou éprises de littérature.

Le frère cadet de mon père, Ernst, sa femme Mitzi et leur fille Eva ont quitté l'Europe en 1939, juste à temps pour échapper aux problèmes horribles que la guerre allait déclencher. Ils se sont installés à New York et ont changé de nom de famille pour Forgan[5].

Le frère aîné de mon père, Franz, qui était vendeur de savons, avait toujours beaucoup d'histoires drôles à raconter et il parlait très fort. Franz, sa femme Irma et leurs deux enfants, Freddie et Fanci, habitaient Budějovice.

~

C'est en première année[6] que j'ai commencé l'école, dans un vieil immeuble de quatre étages, à quelques rues de chez nous. Depuis ma fenêtre, je voyais, par-dessus la cour du forgeron, l'école en briques rouges. Une odeur d'urine s'échappait des toilettes mal entretenues. Nous étions assis trois par trois sur d'étroits bancs de bois et devant nous étaient alignés des pupitres.

Ma première journée d'école a été longue et angoissante, mais l'enseignante était gentille et c'est elle qui a été mon enseignante l'année d'après aussi. Son mari a été mon enseignant en troisième et quatrième années. Lors du premier jour d'école, le principal est venu dans notre classe. Il était grand, avait les cheveux gris et l'air d'un grand-père. C'était une école de garçons – à cette époque, les écoles n'étaient pas mixtes. Les garçons étaient issus pour l'essentiel de familles pauvres et avaient plus d'un tour dans leur sac. J'étais le seul Juif de la classe. Je suis devenu ami avec un garçon qui s'appelait Zdenek Svec dont le père était agent d'entretien dans une école des environs. Nous passions beaucoup de temps ensemble. Nous aimions marcher dans les couloirs sombres de l'école où le père de Zdenek

5 Eva, qui avait mon âge, a épousé un homme charmant, Edgar Merkel.

6 L'équivalent du cours préparatoire en France.

travaillait le soir. L'accès aux monte-charges, qui n'étaient que de simples plateformes, nous était interdit. Mais, parfois, nous nous faisions plus téméraires et les utilisions pour passer d'un étage à l'autre. Les parents de Zdenek étaient de braves gens et travaillaient dur. Ils habitaient dans l'école et, dans leur cuisine-salle de séjour, il faisait toujours chaud et il y avait une odeur agréable qui s'échappait du four. Zdenek et moi jouions aux cartes.

Enfant, je n'avais pas conscience d'être différent des autres enfants du fait que j'étais juif. Ma famille célébrait les fêtes juives. Je me rappelle nos Séders de la Pâque, quand nous étions assis autour de la table ronde de la salle à manger et que papa lisait des prières en hébreu dans un livre noir. Pour Hanukkah, nous allumions des bougies, chantions *Ma'oz Tzur* (Éternel notre rocher) et recevions des cadeaux. Lors de ces fêtes, je ressentais l'émouvant bonheur d'être en famille.

Mes deux grands-pères ayant été fonctionnaires, mes parents étaient issus de foyers bien intégrés dans la communauté tchèque, loin des ghettos juifs de temps plus anciens. Mon grand-père Freund, qui avait été juge, s'était assuré que ses enfants fréquentaient des écoles religieuses, mais il n'était pas particulièrement pratiquant. Toutefois, à l'époque où il lui avait été conseillé de se faire baptiser pour obtenir une promotion, il avait refusé d'abandonner le judaïsme.

Même si mes grands-parents n'ont pas été persécutés, ils savaient qu'on les considérait comme « différents ». Le souvenir des oppressions passées n'était pas loin dans leur mémoire. Lorsque la sœur de ma mère, ma tante Anda, a épousé un chrétien à Innsbruck, cela a affecté mes grands-parents, mais ils n'ont pas tenté d'intervenir. Ma tante Anda a été baptisée afin de pouvoir épouser son cher Robert qui était catholique, mais ses parents ne l'ont jamais appris. Certains de mes amis étaient juifs, mais la plupart ne l'étaient pas. Tout cela, évidemment, avant l'invasion nazie et toute la terrible haine qu'elle a attisée.

Lors de mes premières années d'école, de 1936 à 1939, nous nous sentions vraiment tchèques. Une fois, le président de la République, M. Beneš, est venu en visite à Budějovice et tous les enfants se sont alignés dans la rue et ont agité le drapeau rouge, blanc et bleu du pays. Nous avons entonné l'hymne national tchèque : « *Où est ma patrie ?* »

Tomáš G. Masaryk, qui avait fondé la République tchèque en 1918, était notre grand héros. Masaryk était le fils d'un modeste cocher. En grandissant, il était devenu un professeur célèbre. Il adorait apprendre et la justice était un principe qui lui était cher. Il avait été président de la République tchèque de 1918 (après l'effondrement de l'empire autrichien consécutif à la Première Guerre mondiale) à 1935. Il y avait des photos le représentant à cheval dans nos manuels scolaires et aux murs de l'école.

Masaryk était un grand nationaliste tchèque qui croyait, avant toute chose, à la vérité. Sa devise était « *Pravda Zvitezi* » (« La vérité l'emportera »). À l'époque où il était professeur, Masaryk avait défendu un paysan juif, Leopold Hilsner. Des chrétiens superstitieux l'accusaient, à tort, d'avoir assassiné un enfant chrétien, pensant que le sang entrait dans la composition des *matzoth* de la Pâque. Masaryk était un chrétien dévot et s'était élevé contre cette injustice. Il avait défendu Hilsner avec succès en prouvant au juge et au pays que cette vieille superstition était un mensonge.

T.G.M., comme l'on surnommait Masaryk, avait une chanson préférée, *Ach Synku*. En voici la traduction :

Eh fiston, tu as travaillé aujourd'hui ? Tu as labouré le champ ?
Non, papa, je ne l'ai pas labouré, ma charrue s'est cassée.
Si elle s'est cassée, eh bien répare-la, fiston; il faut que tu apprennes
[à être autonome.

C'est durant cette période pleine d'espoir que mes parents se sont mariés et que mon frère et moi sommes nés. L'idée d'une république démocratique, dirigée par un président sage et juste, était belle. Malheureusement, la Tchécoslovaquie connaissait des difficultés économiques, comme il y en avait de par le monde. Elle était frappée par le chômage et la pauvreté. La Tchécoslovaquie était, en plus, un petit pays, voisin de la puissante et agressive Allemagne.

À l'école primaire, dès la première année, j'ai suivi des cours de religion deux fois par semaine. Le rabbin Ferda venait dans notre école et faisait cours à tous les enfants juifs en même temps durant deux sessions de 90 minutes. Le rabbin Ferda nous enseignait à partir d'un livre intitulé *Sinaï* qui contenait des histoires anciennes et des images de ce lointain pays appelé Palestine. Le rabbin Ferda était content de la Tchécoslovaquie et de Tomáš G. Masaryk, mais ne pensait pas que cet état de paix perdurerait; lorsque Tomáš G. Masaryk est mort en 1937, nous avons tous pleuré. Deux ans plus tard, l'armée de Hitler arrivait en Tchécoslovaquie, apportant avec elle sa haine absolue des Juifs.

Comme beaucoup d'autres familles, nous avions une aide ménagère. Je ne me rappelle que deux de nos aides – Maria et Karla. Maria était de grande taille, mince et très belle. Elle a eu une aventure avec un soldat qui lui a donné un fils. Maria a envoyé le bébé vivre avec ses parents et est revenue travailler pour nous. Karla avait une poitrine généreuse et je me souviens qu'elle avait souvent de grands décolletés. C'est peut-être pour ça qu'elle n'est pas restée longtemps chez nous.

De toutes les saisons, c'était le printemps que je préférais. J'aimais regarder la mince pellicule de glace fondre doucement sur la fenêtre de notre cuisine et voir disparaître les jolies formes dessinées par la glace. Quand le printemps arrivait, nous ouvrions grand les fenêtres pour laisser entrer le magnifique air frais. Les grands arbres qui se trouvaient dans le jardin privé, situé sous nos fenêtres, produisaient des bourgeons au parfum divin. L'arrivée du printemps signifiait que ma mère et moi irions m'acheter une nouvelle paire de chaussures. À la place des longues chaussettes que j'avais portées durant tout l'hiver, je recommençais à porter des chaussettes courtes. Je me sentais comme un oiseau qui venait d'apprendre à voler.

Comme tous les garçons du voisinage, j'adorais jouer au football. Je driblais toujours balle au pied, la passais à mes coéquipiers ou frappais en direction du but. Quand j'avais 7 ans, mon équipe de football préférée, le Slavia Prague, a remporté la coupe européenne. Plánička, le gardien de but si beau et si mince, a sauvé de nombreux tirs avec un geste vraiment spectaculaire : il faisait un bond extraordinairement haut pour empêcher que la balle n'atteigne ses filets. À la dernière minute du match, la star du Slavia a mis la balle au fond des filets de l'équipe adverse abasourdie et nous avons gagné ! J'étais fou de joie. L'événement a été retransmis sur toutes les radios et je ne parlais que de ça. Je rêvais de devenir un sportif célèbre, mais le succès mettait du temps à arriver.

Le premier sport dans lequel j'ai acquis un bon niveau n'a pas été le football, mais le ping-pong. Je jouais dans la zone municipale de baignade de Budějovice, à la périphérie de la ville, le long de la Vltava. Il y avait deux piscines relativement grandes, une peu profonde pour ceux qui ne nageaient pas et une autre d'une profondeur de deux mètres quarante. Les plus audacieux nageaient dans la rivière aux courants rapides, mais moi je m'en tenais éloigné. Le long des deux piscines se trouvait une zone joliment aménagée pour les jeunes enfants ainsi que des planches pour prendre des bains de soleil. Dans un coin se trouvait une enfilade de bâtiments où l'on pouvait acheter des rafraîchissements et jouer au ping-pong. J'y passais de nombreuses heures à améliorer mon jeu. Telles ont été les journées heureuses de l'été 1938. Même si les adultes étaient inquiets chaque fois qu'ils écoutaient la radio, rien n'est venu me déranger cet été-là.

L'un de mes passe-temps favoris était de faire des promenades en ville. Il y avait un vieil homme au bord de la Malše qui fabriquait de la corde avec une roue à filer. Je le regardais pendant des heures. Plus loin, le long de la rivière, se trouvait un coupeur de glace. Il découpait de larges blocs dans la rivière gelée et les soulevait au moyen d'une petite grue pour les déposer dans son camion.

Lors de ma première année à l'école, j'ai été choisi pour réciter un poème devant toute l'école. J'ai emprunté un costume noir à pantalon long, ainsi qu'un chapeau haut-de-forme pour cette occasion. Déjà à cette époque, je détestais faire face à tout type de public. Mes parents étaient fiers, quoiqu'il en soit, et la soirée s'est plutôt bien passée.

Nous ne parlions jamais d'argent dans ma famille. Je suppose que mon père, étant médecin, avait de bons revenus. Pourtant, je me le représente toujours en train de faire tout son possible pour aider les autres. Il a sauvé la vie de nombreux enfants. Quelle que soit l'heure à laquelle on faisait appel à lui, même tard dans la nuit, il se levait et se rendait chez ceux qui avaient appelé. Une fois, alors qu'il était en route après un appel venu de l'extérieur de la ville en plein milieu de la nuit, il a été arrêté, dévalisé et frappé à la tête. Ce n'était pas trop grave et il a pu rentrer seul à la maison. Après cela, ma mère l'accompagnait lors de ses visites nocturnes.

Un jour, alors que je faisais des courses avec ma mère, nous avons trouvé un billet de dix couronnes, ce qui représentait beaucoup d'argent à l'époque. Maman était si contente qu'elle nous a tous emmenés dans la meilleure pâtisserie de la ville pour y manger des éclairs au chocolat et des « indiens », ces pyramides au chocolat fourrées à la crème.

Un dimanche, quand j'avais environ 8 ans, le Dr Hugo Adler, un ancien ami d'école de mon père, s'est joint à nous lors de notre sortie dominicale. Le Dr Adler était venu avec sa femme et leurs deux enfants. Leur fils Fritz était un peu plus jeune que moi et sa sœur Hana avait 4 ans. Hana était plutôt agaçante à toujours se perdre dans les bois ou à vouloir poursuivre des écureuils. Mais Fritz, lui, avait beaucoup de choses intéressantes à raconter. Il me fascinait. À la fin de notre promenade nous avons décidé de nous revoir prochainement. C'est ainsi qu'a débuté mon amitié avec « Fricek », Fritz Adler. Nous allions faire de la luge et du patin à glace ensemble. Il était intrépide et s'essayait à tout. Un jour, alors que l'on était en train d'ajouter un étage à notre immeuble, Fricek a décidé d'escalader l'échafaudage qui se trouvait le long du mur extérieur de l'immeuble. Il s'est coincé les doigts dans une pièce de métal et il est resté accroché là-haut et s'est mis à hurler. On l'a transporté d'urgence à l'hôpital. Heureusement, les lésions n'étaient pas trop graves.

Fricek et sa famille habitaient dans un appartement constitué d'une grande pièce et d'une petite cuisine. Nous étions souvent ensemble et je l'enviais pour son courage et son flux ininterrompu d'idées. Il rêvait de devenir tout ce qui était imaginable, de pompier à pilote. Quand Fricek était malade et que je ne pouvais lui rendre visite, je me sentais orphelin. Sa petite sœur Hana était obsédée par l'envie d'avoir un poney. Elle a tellement insisté que son gentil papa a fini par céder et par lui en acheter un. Elle s'est complètement désintéressée des gens et n'a plus vécu que pour le joli cheval.

Après un an passé à Budějovice, les Adler ont déménagé pour aller s'installer en Norvège, pays lointain et mystérieux, où la nuit durait la moitié de l'année et le jour l'autre moitié. Tout ce que j'avais gardé de Fricek était sa signature sur un bout de papier. Je la regardais souvent en me demandant où il se trouvait. Nous nous reverrions plus tard, après la guerre.

Un autre de mes passe-temps favoris était de voyager en train ou simplement de les regarder passer. Budějovice se situait sur un axe important reliant l'Autriche à Prague, il y avait donc beaucoup de trains qui traversaient notre ville. Je restais des heures durant, posté sur un pont. Depuis le pont, je pouvais voir les trains aller et venir dans la gare. Chaque train – rapide ou lent, de marchandises ou de passagers – était un ravissement. J'aimais aussi beaucoup prendre le train. Lorsque nous allions rendre visite à nos grands-parents à Prague, nous prenions l'express qui roulait à toute allure sur les rails, par-dessus rivières et vallées, à travers tunnels et villes. Lors de ces voyages, je ne quittais pas la fenêtre de tout le voyage – trois bonnes heures.

L'un de ces voyages pour Prague s'est fait dans des circonstances difficiles. Ma mère souffrait de problèmes d'estomac et s'est rendue à Prague pour se faire opérer et se faire retirer une partie de l'estomac. Une fois à Prague, j'ai habité chez le frère de mon père, Ernst. Son appartement était beau et situé à un étage élevé. La nuit, j'observais par la fenêtre les néons de la grande ville. Ernst et sa femme Mitzi avaient une fille, Eva. Elle était autoritaire mais gentille. L'oncle Ernst publiait des journaux, mais, lorsque les Allemands sont arrivés, il a perdu son emploi. Amer et furieux, il a fait une demande de dossier pour aller en Amérique. Peu après ma visite, ils sont partis s'installer à New York. Quelle bonne intuition ils ont eue de quitter l'Europe en décomposition !

Un jour, à l'automne je crois, mon frère et moi sommes allés faire une promenade le long d'une étroite rivière située non loin de là. Nous étions assez éloignés de la maison. Le ciel lumineux s'est peu à peu assombri, puis il y a eu une forte averse et enfin des coups de tonnerre. Je me rappelle encore l'inquiétude que j'ai ressentie, sans raison particulière – comme une prémonition. Nous sommes rentrés à la maison en courant, nous étions complètement trempés. L'ambiance à la maison était très tendue. Ce soir-là, mes parents ont écouté la radio. Plusieurs amis étaient venus chez nous et ils parlaient d'un ton grave. Les mots « guerre », « Hitler », « Juif » sont revenus souvent dans la conversation. C'était la fin de l'innocence de mon enfance.

La guerre

J'avais 9 ans en 1939 lorsque l'armée allemande a passé la frontière autrichienne pour arriver dans notre ville. Ça a été une journée terrible. Le paysage était empli de camions blindés, de chars, de soldats en uniforme vert sombre et, de temps à autre, des avions survolaient la ville à basse altitude. Les Allemands ont amené avec eux leur atroce idéologie nazie. Ils étaient conduits par leur chef, Adolf Hitler, sans doute le plus grand criminel politique de tous les temps.

Lorsque les Allemands sont arrivés, la plupart des gens sont restés chez eux, mais certains ont quand même voulu leur souhaiter la bienvenue. Il s'agissait de gens qui détestaient les Juifs. Ils enviaient ceux qui possédaient plus qu'eux et leur tour était désormais venu, ils pouvaient montrer leur vrai visage. Personne ne savait ce qui allait arriver. La guerre n'avait pas encore commencé; il avait été ordonné à l'armée tchèque de n'opposer aucune résistance à l'envahisseur. Les Allemands ont rapidement pris le contrôle et des arrestations ont eu lieu dès le premier jour de l'invasion. Bientôt, des ordres ont fait leur apparition sur des tableaux d'affichage et dans les journaux.

C'était nous, les Juifs, qui avons été le plus durement touchés. Des écriteaux indiquant « Interdit aux Juifs » sont apparus dans les cinémas, les cafés, les tramways, les bâtiments publics, les jardins publics et partout ailleurs. On a ordonné aux écoles de ne plus nous accueillir et l'accès aux espaces publics de baignade nous a été interdit. Une fois, alors que je marchais seul aux alentours de ma maison, j'ai aperçu mon enseignant de la troisième année de l'autre côté de la rue. Il a traversé dans ma direction et, en passant, il m'a serré la main et m'a dit rapidement : « Sois courageux ». Il prenait un grand risque puisque même le simple fait de parler à un Juif était considéré comme un crime.

Les discussions entre adultes à la maison se faisaient souvent en allemand – peut-être pour que nous, les enfants, ne puissions pas comprendre. La nuit, nous écoutions les nouvelles venues d'Angleterre sur notre radio à ondes courtes, la radio tchèque étant désormais aux mains des Allemands. À cette époque, certains étaient pessimistes et d'autres optimistes. Les pessimistes pensaient que, dans un an ou deux, tout serait rentré dans l'ordre, alors que les optimistes pensaient que c'était une question de semaines. De fait, la guerre a duré six ans et, pour nous, les choses ne sont jamais rentrées dans l'ordre.

Je ne pouvais plus jouer avec mes amis non juifs. Ça a été la fin de mon amitié avec Zdenek et d'autres garçons non juifs. Il y avait environ 300 familles juives en ville et je n'en connaissais pas beaucoup. Certains exerçaient une profession libérale, comme mon père – ils étaient médecins et avocats. D'autres tenaient de petits magasins et quelques-uns étaient de riches industriels. Je suis devenu bon ami avec un groupe de quatre garçons qui avaient tous mon âge. Dans notre groupe, il y avait deux Rudi, un Jindra, un Pavel et moi. Avant la guerre, Jindra et un des Rudi étaient riches. L'autre Rudi et Pavel étaient pauvres. Après que les Allemands nous ont tout pris, nous étions tous pauvres. Nous étions obligés de porter une étoile de David jaune cousue en évidence sur le revers de nos vêtements. Nos parents nous ont conseillé de nous tenir éloignés de certaines parties de la ville, connues pour abriter des voyous et des nazis. Je ne pense pas que nous ayons été sujets à trop de mauvais traitements à cette époque. Tout ceci nous a-t-il amenés à désespérer ? En aucun cas. La vie a continué. Nous portions nos étoiles de David, mais sans avoir honte.

Notre ville comptait environ 200 jeunes Juifs et nous étions environ une centaine à avoir entre 10 et 18 ans. Exclus du reste de la population, nous avons formé la nôtre. Ma scolarité s'est faite non plus à l'école, mais dans notre salle de séjour. Des groupes d'enfants se retrouvaient et de jeunes enseignants juifs venaient leur faire cours. La scolarité était improvisée; les garçons et les filles plus âgés enseignaient à ceux des petites classes. J'avais 10 ans lorsque j'ai eu mes premiers cours de latin. Je me rappelle encore « *amo, amas, amat* », ainsi que mon initiation à l'algèbre. Nous lisions des ouvrages sur les animaux et sur des pays éloignés. Nous chantions des chansons en hébreu qui était pour moi une langue étrange et qui, jusqu'alors, n'avait été utilisée que dans les prières. Nous rêvions à la lointaine terre de Palestine où des Juifs étaient en train de prendre un nouveau départ. Parfois, le père d'un ami était arrêté et disparaissait. On nous a obligés à céder notre voiture. Mon père a dû fermer son cabinet médical et il nous a fallu vivre de ses économies.

Une autre famille juive vivait dans notre immeuble. C'était des gens simples et pauvres qui habitaient à côté de la boucherie. Il faisait chaud chez eux et cela sentait la viande cuisinée. Je ne me souviens pas de leurs noms, mais leur fille Anna et moi sommes devenus amis. Je leur rendais souvent visite dans leur appartement où il faisait chaud, où nous nous asseyions en cercle, discutions et jouions aux cartes. Le moment est arrivé où nous avons reçu l'ordre de céder la moitié de notre appartement. Nous avons perdu deux de nos quatre chambres au profit d'une compagnie d'assurances. Nous avons dû nous séparer de Maria, notre domestique. Elle est souvent venue nous rendre visite.

Quelques amis ont réussi à quitter le pays. Ils sont allés en Palestine, en Angleterre, au Canada et aux États-Unis. Il est devenu de plus en plus difficile d'obtenir une autorisation de quitter le pays. Mon père faisait partie des optimistes qui pensaient que tout rentrerait bientôt dans l'ordre. Lui et ses amis aimaient faire des plaisanteries sur Hitler et les nazis. Malheureusement, toute cette histoire était tout sauf une plaisanterie.

Les journées d'été passées le long de la Vltava font partie des souvenirs les plus agréables que je garde de cette époque – de 1940 à 1941.

Certes l'accès aux piscines publiques nous était interdit, mais nous avions le droit de nous baigner le long d'une étroite bande de terre près de la route. Cette bande de terre se trouvait à une demi-heure de marche de la ville ou à dix minutes à bicyclette et était à proximité d'un pont de chemin de fer. Ce lieu s'appelait *U Vorisku*, du nom de la famille Vorisek qui possédait et nous louait ce morceau de terrain entre les champs et la rivière. Nous nous y rendions à bicyclette, en marchant ou en courant. L'endroit est rapidement devenu un centre d'activités. Nager en s'éloignant du rivage était périlleux, tout particulièrement pour les plus jeunes enfants. Les garçons plus âgés disposaient d'un petit bateau qui leur servait à aller porter secours aux casse-cous qui s'y essayaient. L'eau de la rivière était très sale, avec des déchets qui flottaient à la surface; nous ne mettions donc jamais la tête sous l'eau. C'était néanmoins un endroit où nous pouvions nous rafraîchir et nous amuser.

Nous avions le droit de disposer des bancs et des cabines pour nous changer le long de la rivière. Nous avions assez d'espace pour quatre tables de ping-pong et même, quand nous prenions soin de bien tout dégager, pour un petit terrain de football. Quelqu'un a apporté un ballon de football et un filet de volley-ball. Nous jouions au football le long de l'étroit terrain et lorsque le ballon tombait dans l'eau – comme c'était souvent le cas – il nous fallait plusieurs minutes pour le récupérer. J'avais 10 ans et je jouais toujours au football avec les garçons plus âgés. Je jouais au poste de défenseur. J'étais petit, costaud et audacieux et arrêtais toutes les attaques en direction du but de mon équipe.

Toutefois, c'était au ping-pong que j'excellais. Nous avions deux tables situées sous un abri, derrière la cabine de bain. J'y jouais aussi souvent que je le pouvais. Il y a eu un tournoi organisé vers la fin de l'été 1941. Nous étions divisés en trois groupes d'âge : moins de 10 ans, de 10 ans à 14–15 ans et plus. J'ai été bon dès le début, éliminant rapidement la plupart de mes adversaires. Lors des demi-finales et des finales, j'ai remporté tous les matchs. Un soir, lors d'une cérémonie, on m'a remis une raquette toute neuve en liège blanc ainsi qu'une plaque sur laquelle était gravé mon nom. Nous avons dansé et chanté. Ce soir-là, j'ai eu le sentiment que tout le monde m'aimait. Ces jeunes garçons étaient mes amis. Il y avait les Harry, les Jirka, les Pavel, les Karel, les Rudla, les Lilka, les Rita, les Anka, les Suzan, les Lidia et les Cecilia. Il y avait des Popper, des Kopperl, des Kohn, des Herze, des Holzer, des Frisch, des Stadler et des Levy. Il y en avait même plus, mais j'ai oublié leurs noms. Nous étions jeunes, enthousiastes et turbulents, mais nous étions toujours gentils les uns envers les autres. Une grande chaleur humaine s'était instaurée entre nous et nous avions développé un amour et un respect mutuel profonds.

Les étés 1940 et 1941 ont compté parmi les plus heureux de ma vie. Certains jours, nous travaillions à la ferme des Vorisek pour aider à faire les récoltes. Je portais un grand sac de toile sous une glissière et le remplissais d'avoine ou de blé. En récompense de notre travail, nous recevions une large tranche de pain blanc frais, recouvert d'une épaisse couche de foie d'oie et de gras.

Nous avions des tâches à accomplir durant la journée. Les garçons et les filles plus âgés apprenaient des métiers. Sur ordre des nazis, la communauté juive devait fournir des informations sur ce qu'elle possédait et préparer des listes de nos adresses, et les enfants plus jeunes, comme moi-même, transmettaient ces informations sous enveloppes scellées. Une fois nos tâches terminées, nous filions vers notre endroit préféré, le long de la rivière. Nous jouions à des sports d'équipe et nos amitiés se sont renforcées. Nous appréciions chaque instant passé au soleil et, lorsqu'il pleuvait, nous nous blottissions sous des arbres. En plus de l'athlétisme et des jeux, nous chantions. Il y avait parfois des bagarres qui se finissaient le plus souvent avec un œil au beurre noir pour l'un d'entre nous.

Lorsque les jours ont commencé à raccourcir et que l'air frais a fait son retour, nous savions que notre bel été touchait à sa fin. Quelques-uns des garçons plus âgés ont décidé que nous ne devions pas hiberner, mais continuer à entretenir nos amitiés. Ils ont commencé à réaliser de manière artisanale un magazine appelé *Klepy* (Potins). Il était tapé et illustré et seul un exemplaire de chaque numéro était imprimé. L'un des numéros avait en couverture une image de moi tapant dans un ballon. Le premier numéro se composait pour l'essentiel de potins sur nos activités estivales au bord de la rivière. Mais les numéros suivants contenaient des histoires et des blagues. On incitait les lecteurs à apporter leur contribution et ces contributions étaient publiées. On donnait à tous les lecteurs la chance de lire le seul exemplaire imprimé et on leur demandait de faire des commentaires sur le numéro. Il y a eu vingt numéros de *Klepy*[1]. Voici un extrait de l'un des premiers numéros : « Quel est le but et la finalité de *Klepy* ? Tout d'abord, de prouver que nous conservons un esprit sain et le sens de l'humour et que nous ne sommes pas amoindris par les difficultés quotidiennes. Que nous sommes capables, dans les moments où nous nous reposons de notre labeur, de nous occuper l'esprit avec des idées qui en valent la peine et de faire de l'humour. »

Durant cette période, deux garçons souffraient de crises d'épilepsie. Le cas le plus grave était celui de Fricek K. Il était nouveau à Budějovice, arrivé des Sudètes quelques années auparavant. Fricek était toujours en compagnie de son cousin Erich. Ils avaient tous les deux 10 ans. Fricek faisait souvent des crises d'épilepsie, parfois toutes les demi-heures. Il tombait par terre, restait allongé sur le dos et poussait des hurlements terrifiants. Lorsque ceci arrivait, son cousin Erich lui ouvrait la bouche qui était pleine d'écume blanchâtre et lui sortait la langue en lui caressant le front. L'enfant malade remuait violemment durant trois à quatre minutes puis semblait tomber dans un sommeil profond durant quelques minutes. Après cela, il se levait, l'air affaibli et étourdi. Cet événement effrayant se produisait de nombreuses fois par jour.

---

1 Quelques originaux de *Klepy* ont été conservés et sont consultables au Musée juif de Prague.

Un homme âgé, que nous appelions M. Papa, souffrait de la même affliction. Il était vendeur de confiseries. Il avait une charrette avec des bonbons, des pommes et des barres de chocolat. On pouvait toujours le trouver à l'ombre du pont de chemin de fer. J'avais l'habitude de lui acheter une boule au chocolat et au rhum chaque fois que je pouvais me l'offrir. Le type d'épilepsie dont il souffrait était assez différent. Ses attaques ne se produisaient qu'une fois toutes les deux semaines. Lorsqu'elles se produisaient, il tombait sur le dos, respirait lourdement et restait ainsi allongé durant près d'une heure. Personne n'était capable de faire quoi que ce soit pour lui, si ce n'est lui donner un verre d'eau lorsqu'il revenait enfin à lui-même. À la suite d'une attaque, il ne reprenait pas le travail durant quelques jours. Mais quand il revenait, c'était toujours avec un nouvel arrivage de pommes, de barres de chocolat et de bonbons.

L'été 1940 est passé et il ne nous restait plus que nos souvenirs pour nous faire chaud au cœur. Nous attendions avec impatience l'été suivant – mais quand il est arrivé, les difficultés ont débuté...

Durant l'été 1941, le danger de mort auquel nous étions exposés était imminent. La menace ne venait pas de nos concitoyens, mais du dictateur fou de Berlin. Les journées se faisant plus froides et plus courtes, nous appréciions chacune d'elle qui passait et priions pour que l'été 1941 ne prenne jamais fin. Pour beaucoup, cet été a été le dernier.

À cette époque, la religion connaissait parmi nous, les Juifs de Budějovice, un regain d'intérêt. Notre grande et belle synagogue était surmontée par deux flèches, avait de nombreuses entrées magnifiques et se trouvait dans un beau quartier de la ville. Elle avait été construite à la fin des années 1800. Les Allemands ne supportaient pas qu'un autre Dieu puisse leur faire concurrence et ils ont fait exploser la synagogue – effaçant toute trace du bâtiment original.

Sans la synagogue, les offices se faisaient dans un vaste entrepôt décoré. Notre rabbin, Rudolf Ferda, a incité les enfants à y participer et bientôt les offices du vendredi soir ont été remplis de garçons et de filles. Un chœur de garçons et de filles âgés de 10 à 12 ans a été organisé et leurs belles voix nous comblaient de joie. Les garçons ont appris à prier et, dans un mélange d'amusement et de sérieux, imitaient notre chantre en réalisant des offices à la maison. Le rabbin Ferda était un homme bon. On retrouvait toujours dans ses longs sermons le thème de l'histoire juive que l'on peut suivre à travers les temps, tel un fil conducteur. Il parlait tchèque avec un accent allemand et, parfois, nous ne pouvions nous empêcher d'éclater de rire. Pourtant, lorsqu'il nous ordonnait de quitter le sermon, nous étions vraiment piteux.

Une relation particulière s'est développée parmi les jeunes Juifs qui étaient rejetés par la population et vilipendés dans les journaux et à la radio. Nous avons trouvé une force nouvelle et nous nous sommes entraidés dans les moments difficiles. Lorsqu'une famille très pauvre arrivait en ville avec de nombreux enfants, on trouvait rapidement de la place pour leur venir en aide. Ma famille a accueilli une petite fille qui a vécu chez nous durant un certain temps.

Mon père n'avait plus le droit de pratiquer la médecine et passait les journées d'été à travailler dans le jardin d'un ami. Il adorait cela. Nous nous inquiétions de savoir ce que nous allions devenir une fois que nos économies seraient épuisées. Nous nous sommes habitués à manger de la nourriture moins chère : du pain sans beurre, des pommes de terre et, plus rarement, de la viande.

Puis est arrivée la fin de l'été 1941. À l'automne, nous avons continué d'aller à *U Vorisku* et parfois aussi durant l'hiver, et nous nous y promenions en attendant avec impatience l'été prochain. Mais il n'est pas arrivé. En avril 1942, tous les membres de la communauté juive (un tout petit peu moins d'un millier de personnes) ont été expulsés de chez eux et enfermés dans le ghetto de Terezín (Theresienstadt, en allemand).

~

České Budějovice était ma ville, ma patrie. C'est là que mon grand-père Alexander avait son bureau surplombant la vaste place et qu'il administrait la justice dans ses fonctions de juge de comté. Mon père avait son cabinet médical à un jet de pierre de la tour Noire. Les mères y apportaient leurs enfants malades pour qu'il les traite et il y a sauvé de nombreuses vies. Il y avait quelques épiceries et des magasins de linge de maison tenus par nos amis juifs et qu'ils s'étaient transmis de génération en génération. Certains amis possédaient des usines dans lesquelles d'autres travaillaient. Il y avait un chantier de ferraille qui appartenait à une famille juive et on comptait plusieurs enseignants et médecins juifs. Ces familles avaient vécu dans cette ville depuis de nombreuses générations – toutes se considéraient partie intégrante de sa société.

En avril 1942, la ville a perdu près d'un millier d'habitants. On nous avait informés que nous devions nous présenter avec nos bagages à un vaste entrepôt situé près de la gare. Les Juifs de Budějovice avaient un sens civique aigu – nous ne faisions pas d'histoires. Nous avions l'habitude de faire ce que l'on nous disait de faire, nous nous sommes donc rendus à l'entrepôt, avons présenté nos documents, des numéros nous ont été attribués et nous nous sommes préparés pour la nuit. Des enfants pleuraient et quelques garçons plus âgés ont commencé à chahuter.

Le jour suivant, on nous a dit de monter à bord d'un train de passagers qui nous emmènerait à un lieu de rassemblement. Notre souci principal était de savoir si ce nouvel endroit se trouvait en Tchécoslovaquie. C'était comme si nous avions moins de souci à nous faire tant que nous restions dans notre propre pays. Lorsque le train s'est mis en branle, nous avons eu pour la première fois l'occasion d'apercevoir les cruels SS (*Schutzstaffel,* escouade de protection) – les troupes d'élite nazies qui surveillaient les camps de concentration. Ils portaient des uniformes parfaitement repassés et leurs visages avaient des expressions quasi animales. Une de ces bêtes – un officier de haut rang avec de nombreuses étoiles à son revers – a inspecté le train. Aboyant des ordres en allemand, il a donné des coups de poing et des coups de pied à plusieurs personnes qui se trouvaient sur son passage. Le train a filé vers le nord, en direction de Prague, puis vers l'ouest. À la fin de la journée, on nous a débarqués à Terezín, le lieu de rassemblement. Terezín était une ville ancienne et comptait de nombreuses casernes de soldats, des immeubles de briques massifs à trois étages et plusieurs grandes esplanades. Un fossé faisait tout le tour de la ville, ce qui rendait toute tentative d'évasion impossible.

Lors de cette première nuit passée à Terezín, nous avons dormi dans un vaste entrepôt, accolés les uns aux autres, avec juste assez d'espace pour nous déplacer sur la pointe des pieds. Le lendemain, toutes les familles ont été séparées. Les femmes ont été emmenées dans l'une des grandes casernes et les hommes dans une autre. Nous n'avons pas eu beaucoup de temps pour nous dire au revoir car nous devions nous mettre en rang rapidement. La nourriture était distribuée à partir de grands tonneaux dans de petits pots qui étaient attribués à chacun des détenus de Terezín. Notre principal repas quotidien se composait de pain, de pommes de terre et de jus de viande.

Nous sommes restés à Terezín d'avril 1942 à novembre 1943. La ville était de plus en plus surpeuplée avec les convois de Juifs arrivant d'autres parties de la Tchécoslovaquie. Les personnes âgées et les personnes malades ont commencé à mourir rapidement. Chaque matin, nous voyions des corps recouverts de draps blancs être empilés dans des wagons, en attendant d'être transportés au crématorium.

Au début, nous habitions tous dans les casernes, à beaucoup dans une pièce, dormant par terre. Pourtant, en dépit de tout, les enfants trouvaient le moyen de s'amuser un peu. Nous étions autorisés à aller jouer dans la cour, à chanter et à jouer aux devinettes. Je me rappelle un enseignant chantant une chanson qui était sa préférée et ma préférée aussi : « *Le printemps reviendra, le mois de mai n'est pas loin.* »

Terezín était une ville de briques et de pierres et ses rues étaient pavées. Il était rare de voir un arbre ou une fleur. Un jour, un groupe d'enfants dont je faisais partie a été autorisé à sortir de la ville pour aller jouer sur un petit carré d'herbe. C'était au début de l'été. Les abeilles bourdonnaient et les pissenlits étaient en fleurs. Comme la vie m'a semblé belle ! J'en ai eu les larmes aux yeux, à la fois submergé de tristesse et transporté par l'espoir d'un futur fait de liberté. Les autres ont ressenti la même chose. Quelques enfants ont écrit des poèmes émouvants après l'excursion de ce jour-là. Les enfants de Terezín ont rédigé beaucoup de poésie et certains poèmes ont survécu et ont été publiés après-guerre[2].

Quelques mois après notre arrivée dans cette ville étrange, j'ai déménagé à l'adresse « L417 ». À Terezín, toutes les rues allant du nord au sud étaient désignées par un « L » et toutes celles allant d'est en ouest par un « Q ». Ainsi, L417 signifiait la maison numéro 17, sur la quatrième rue nord-sud. Ce n'était pas une maison classique, mais une petite école à deux étages avec de vastes couloirs et environ dix grandes salles transformées en dortoirs. J'ai été placé dans le dortoir 9, au deuxième étage. Dans ce dortoir se trouvaient plusieurs lits superposés doubles et plusieurs à une place; tous avaient trois niveaux en hauteur. Ces lits superposés permettaient de coucher quarante garçons. Au milieu du dortoir se trouvaient deux bancs et une longue table – il n'y avait rien d'autre. Il n'y avait dans le couloir que deux toilettes pour plusieurs centaines de garçons. Donc nous nous relayions jour et nuit, faisant régner la discipline et prenant garde aux possibles inondations et débordements.

Tous les garçons du dortoir 9 avaient 13 ou 14 ans. Nous étions sous la responsabilité d'Arno Erlich, un homme beau et grand d'une vingtaine d'années. Il était strict, sévère, mais juste. Comme nous tous, il était juif non pratiquant. Nous l'aimions tous et obéissions à ses ordres. Arno avait été chef boy-scout avant de venir à Terezín et c'est la raison pour laquelle il avait été désigné pour être chef de notre dortoir. Parmi les autres chefs de dortoir se trouvaient des enseignants ou des travailleurs sociaux. La plupart avaient des idées progressistes; certains étaient socialistes, d'autres sionistes et d'autres encore étaient

---

2 Voir par exemple Volavkova, Hana dir. *I Never Saw Another Butterfly: Childrens's Drawings and Poems from Terezin Concentration Camp, 1942–45* [*Je ne revis jamais plus un papillon : peintures et poèmes d'enfants du camp de concentration de Terezín, 1942-45*]. New York : Schocken Books, 1978.

des nationalistes tchèques qui espéraient voir restaurée après-guerre une république tchèque du type de celle instaurée par Masaryk.

Pour que la vie continue d'avoir un sens, des enseignants venaient nous faire des exposés. Cela n'était pas vraiment autorisé, mais personne ne faisait réellement appliquer cette règle. Quelques enseignants plus âgés venaient nous rendre visite pour nous parler d'histoire, de philosophie et de mathématiques. Certains garçons étaient vraiment brillants. Je me contentais de suivre tant bien que mal. Durant un cours d'anglais, j'ai été surnommé Johnny – un nom qui m'est resté. À partir de ce moment-là, on ne m'appelait plus que par ce nom.

Nous jouions à des jeux, exécutions nos corvées et étions soumis à une stricte discipline. Nous jouions aux échecs, au *Sprtec* (hockey sur table), au jeu des vingt questions et parfois il nous arrivait de mettre en scène des pièces de théâtre. Nous publiions un magazine d'actualités une fois par semaine. C'était Stern, le garçon qui avait la plus belle écriture, qui le rédigeait. Dans le magazine se trouvaient des récits, des poèmes, des histoires drôles et des dessins. Moi aussi j'écrivais pour le magazine et plusieurs de mes poèmes ont été publiés.

Parfois, nous étions autorisés à quitter l'école, soit pour aller nous promener à pied, soit pour rendre visite à nos parents. Maman était souvent malade. Papa était le médecin de l'école L417 et je le voyais souvent. Mon frère Karel avait été placé dans un autre dortoir de l'école. Les jours où nous étions autorisés à sortir de l'école pour aller explorer la ville, nous nous promenions à travers les jardins situés à l'arrière des vieilles maisons. Partout nous voyions des gens entassés aux étages. Les grandes casernes qui avaient été construites deux cents ans auparavant avaient des catacombes (d'étroites galeries creusées sous terre). Malgré les mises en garde, nous nous y aventurions et nous poussions très loin notre exploration des galeries. Au retour, nous avons longé l'infirmerie où l'on gardait les patients souffrant de maladies mentales. C'était une vision d'horreur : des hommes et des femmes étaient allongés partout, certains criaient, d'autres se battaient en appelant à l'aide. Mais il n'y avait personne pour les aider.

Un jour, munis d'une permission spéciale, certains garçons du dortoir 9 ont été autorisés à rejoindre une équipe de travail s'occupant d'entretenir les jardins situés à la périphérie de Terezín. On nous a attribué des pelles et nous sommes sortis au pas de marche vers la campagne. Qu'il était bon de voir des champs verts et des collines ! Nous avons travaillé jusqu'à midi puis on nous a autorisés à prendre une douche – une vraie douche – quelle faveur ! D'ordinaire, nous nous contentions d'une petite cuvette pour nous laver.

Un jour, je crois que c'était le 17 novembre 1943, tout le monde à Terezín a été réveillé de bonne heure. On nous a dit de nous préparer et on nous a ordonné de nous mettre en marche dans la rue. Nous nous sommes rapidement organisés en nous mettant en file. Environ 40 000 d'entre nous ont été conduits à l'extérieur des barrières en direction d'une grande vallée où nous nous sommes mis en formation pour être comptés. Dans l'après-midi, la rumeur s'est propagée que nous allions tous être abattus au fusil mitrailleur ou que des bombes allaient être lancées sur nous. Un sentiment de panique a commencé à nous gagner à la tombée de la nuit. Personne ne savait ce qui allait se passer, mais nous sommes restés debout en longues colonnes sur cinq rangs. Finalement, tard dans la nuit, les portes du ghetto ont été ouvertes. Lorsque les colonnes se sont séparées, tout le monde a commencé à se ruer vers l'intérieur. Beaucoup ont été piétinés et je ne sais pas combien sont morts. Tous les garçons du dortoir 9 ont pu rentrer sains et saufs et, exténués, nous nous sommes rapidement endormis.

Les Juifs tchèques étaient un groupe de personnes talentueuses. À Terezín, il y avait entre autres beaucoup d'acteurs célèbres, des chanteurs, des peintres, des acrobates, et, quand ils le pouvaient, ils se produisaient. Il y avait un petit théâtre dans le grenier d'une vieille maison et des soirées où l'on chantait étaient organisées dans des hangars et des granges. Dans le petit gymnase de notre école, la L417, on jouait l'opéra très célèbre de Smetana, *La fiancée vendue*. Le chef d'orchestre était assis au piano et accompagnait les chanteurs et les chœurs d'une musique joyeuse. J'ai dû l'entendre vingt fois, soit debout, soit assis par terre puisqu'il n'y avait pas de sièges.

J'ai même fait ma Bar Mitzvah à Terezín. Le rabbin Ferda, notre rabbin de Budějovice, m'a enseigné une section de la Torah. Il était un peu comédien, mais sincère. Il croyait que le peuple juif était puni pour s'être détourné de son Dieu. J'avais des doutes sur cette théorie. Ma Bar Mitzvah a eu lieu le 13 juin 1943, dans le grenier de la caserne Dresde (chaque caserne portait le nom d'une ville allemande). J'ai appris toute la section et le rabbin en a été très satisfait. J'ai reçu de la part de mes parents un stylo à encre et une magnifique petite montre de poche que j'ai conservés précieusement jusqu'au moment où j'ai dû les céder à Auschwitz.

Les dix-huit mois que j'ai passés au dortoir 9 ont été palpitants et même, grâce à notre chef Arno, édifiants. Nous avons appris à ne dépendre que de nous-même. Des badges de réussite étaient attribués pour la réalisation de certaines tâches. Ainsi, j'ai découvert qu'il était impossible de ne pas parler durant une journée entière, mais j'ai tout de même essayé. Toutefois, le jour où j'ai tenté de rester silencieux, il était prévu que j'aille rendre visite à mes parents. J'étais heureux de m'y rendre et dès que je les ai vus, je me suis précipité vers eux en laissant échapper que je ne pouvais pas parler ce jour-là. Eh bien, c'en était fini de l'expérience !

Au dortoir 9, nous avons tissé des liens étroits; nous discutions de tout et organisions même des tournois de ping-pong. J'étais parmi les meilleurs et représentais le dortoir 9 lors des compétitions avec les autres dortoirs. Ainsi la vie continuait. Nous avions faim et nous étions parfois malades, mais nous ne nous plaignions pas. Nous voyions les personnes âgées et démunies souffrir autour de nous. Elles étaient souvent abandonnées, allongées par terre dans la saleté, attendant la mort. Toute personne prise à essayer de s'évader de Terezín était exécutée par pendaison sur l'esplanade. Les soldats allemands étaient partout et ils exigeaient une discipline absolue.

Nous chantions des chansons avec des textes tels que : « *Et pour résister à tous les Haman*[3], *nous briserons les barrières qui nous retiennent enfermés. Le jour où la vie recommencera est proche. Nous ferons nos bagages et rentrerons chez nous et rirons des ruines du ghetto.* » Nous mettions en scène nos batailles entre les Philistins et les Israélites, avec un chœur récitant l'histoire. Nous rejouions le combat entre David et Goliath. Nous entonnions des chants patriotiques tchèques et rêvions d'un avenir heureux.

Mais il n'est jamais venu.

Des rapports provenant de l'extérieur du ghetto faisaient état des terribles combats qui faisaient rage en France et en Angleterre et des avancées allemandes en Pologne et en Russie. Nous entendions dire que les Allemands étaient en train de perdre des millions de soldats dans la glace et la neige près de Moscou. Leurs victoires avaient commencé à se transformer en défaites.

Toujours plus de Juifs arrivaient à Terezín depuis l'Allemagne et la Hollande. Les conditions sanitaires se sont aggravées dans le ghetto et le rationnement en nourriture a été diminué. Il faisait terriblement chaud durant l'été et nous avions très froid durant l'hiver. Tout ceci était supportable. Ce qui ne l'était pas, c'était la menace d'être déportés vers l'est, vers la Pologne inconnue. Lorsque ces déportations avaient lieu, des groupes de deux à trois mille personnes recevaient l'ordre de préparer leurs affaires et de se rendre dans un vieil entrepôt. Elles n'étaient averties que deux jours auparavant. La peur de faire partie du prochain convoi commençait à se propager. Chaque convoi emportait deux à trois garçons de notre dortoir. Après chaque convoi, notre dortoir était toujours très silencieux. Chacun d'entre nous se demandait quand son numéro serait choisi.

Lors d'une sombre journée de novembre 1943, on m'a glissé dans la main une notification. Personne ne savait qui effectuait les sélections,

---

3 Dans le livre d'Esther, dans la Bible, Haman était le scélérat qui voulait tuer tous les Juifs.

mais elle était là – ma notification. Peu après, ma mère est venue m'aider à faire ma valise. Elle était, en apparence du moins, enjouée. Sa chanson tchèque préférée était : « *Tant que nous avons notre chanson, nous sommes en vie et heureux.* » Le jour suivant, mes parents, Karel et moi nous nous sommes présentés dans un vaste entrepôt avec deux mille autres personnes. Seules de faibles lumières perçaient à travers la pénombre complète. J'ai remarqué une jolie fille portant un pull jaune dans la couchette située en face de moi et elle aussi, elle me regardait. Personne n'a beaucoup dormi cette nuit-là. L'air était empli d'appréhension et de peur.

C'est ainsi qu'a commencé le voyage qui m'a conduit vers la période la plus sombre de ma vie.

Auschwitz et Birkenau

Auschwitz est une ville du sud-ouest de la Pologne, située non loin de la frontière tchécoslovaque. Pour s'y rendre en train depuis Terezín, on passe Prague, on continue vers l'est en direction de Moravská Ostrava et puis, en prenant vers le nord, on entre en Pologne.

C'est une région de mines de charbon, d'aciéries, de grandes usines et d'une grande pauvreté. On avait besoin de centaines de milliers de travailleurs dans les usines d'Auschwitz. Quoi de plus efficace que d'employer une main d'œuvre non payée et réduite en esclavage ? Lorsque ces prisonniers étaient devenus trop faibles pour travailler, on s'en débarrassait et ils étaient remplacés par d'autres esclaves.

À quelques kilomètres d'Auschwitz, les nazis avaient construit leur horrible invention du vingtième siècle : les usines de la mort. Un dispositif de meurtre de masse sans précédent dans l'histoire des civilisations a été mis au point par les Allemands dans les années 1940 : des chambres à gaz et des crématoriums. Le lieu s'y prêtait : une adresse inconnue avec de vastes plaines, facilement accessible par voie de chemin de fer. Le nom de ce lieu : Birkenau.

Birkenau était notre terminus, c'est là que nous nous rendions.

Le train qui nous transportait était un train à bestiaux. Il n'y avait pas de fenêtres mais d'étroites fentes sur le côté du train permettaient de faire entrer un peu d'air. Il y avait juste assez d'espace dans notre wagon pour nous permettre de nous asseoir ou de nous allonger sur le sol. On nous avait fourni de la nourriture pour une journée et de vieilles couvertures. Le voyage a été lent et, par moments, le train restait immobilisé pendant des heures. Personne ne savait où nous allions, ni combien de temps cela prendrait. Il y avait des personnes âgées, des enfants, des hommes et des femmes.

Le fait que notre famille soit réunie apportait une certaine dose de réconfort. Nous avons quitté Terezín tôt le matin, alors qu'il faisait encore nuit. À la tombée de la nuit, certaines personnes ont commencé à être malades et à paniquer. On pouvait entendre des disputes à mesure que la tension montait. Mon père avait sa sacoche noire de médecin et, durant la nuit, il a fait des injections à plusieurs personnes malades.

Il était tard dans la nuit quand nous sommes arrivés. Les portes des wagons à bestiaux ont été ouvertes de l'extérieur. Elles avaient été fermement scellées à Terezín avant notre départ.

Des SS allemands en uniforme donnaient des ordres : « Vite, sortez du train. Mettez-vous en rangs par cinq le long de la ligne de chemin de fer ! » Nous avons remarqué des hommes portant des tenues à rayures noires et blanches qui ressemblaient à des pyjamas. C'étaient les prisonniers. Ils nous ont dit que nous étions à Auschwitz. Bientôt on nous a fait monter, tels un troupeau, dans de grands camions. On a fermé les portes et allumé les moteurs. Le peu que je pouvais discerner de l'extérieur offrait un étrange spectacle : de longues rangées de lampadaires, un paysage parfaitement plat, de hautes barrières de fil barbelé en lignes parfaitement droites et des miradors occupés par des soldats déplaçant des projecteurs. On se serait cru sur une autre planète.

Les camions se sont arrêtés. Dans le noir, j'ai remarqué qu'il n'y avait que des hommes. On nous a rapidement poussés pour nous faire rentrer dans une grande baraque. Une fois à l'intérieur, on nous a ordonné de nouveau de nous mettre en rangées de cinq. On nous a dit de déposer tout ce que nous possédions sur une pile et de nous déshabiller. C'était la dernière fois que je voyais la belle montre et le beau stylo que j'avais reçus de mes parents pour ma Bar Mitzvah.

Nous sommes restés debout, nus, un long moment à frissonner. L'un des gardes allemands a ouvert grand les portes, laissant entrer l'air froid de l'extérieur. C'est alors que s'est produit un étrange incident. Deux hommes d'un vingtaine d'années ont été précipités à l'intérieur à travers la porte. Ils avaient le teint jaune et ils étaient si maigres que l'on voyait leurs os. Ils avaient presque l'air de sauvages. Quelqu'un leur a jeté un morceau de savon et ils ont commencé à se battre pour l'avoir, pensant que c'était de la nourriture. Je n'avais jamais vu des êtres humains se comporter de la sorte. Ils n'avaient probablement rien mangé depuis des jours.

Puis on nous a conduits dans la salle suivante qui était équipée de douches. De l'eau tiède est sortie des pommes de douche pendant une minute seulement. J'ai détourné les yeux lorsque j'ai remarqué mon père nu à côté de moi. Après la douche, on nous a de nouveau conduits dans une autre longue salle. Il y avait des piles de chemises déchirées, de sous-vêtements, de chaussettes, de chaussures et d'uniformes de prisonnier rayés noir et blanc. Nous n'avons pas eu le temps de choisir les bonnes tailles si bien qu'une fois habillés, nous avions l'air complètement informes. Après cela, on nous a brutalement rasés sur tout le corps et on nous a tatoué le bras. Nous nous tenions en rangs avec la manche gauche relevée. Un homme est entré et au moyen d'un objet aiguisé, d'un mouvement rapide, nous a piqué la peau afin de tatouer notre bras gauche. J'ai reçu un numéro à six chiffres que je porte encore aujourd'hui, 46 ans après. Je suis devenu le numéro 168329 du camp de concentration.

Il faisait encore sombre lorsque l'on nous a poussés à l'intérieur des camions. On nous a transportés sur une courte distance et nous sommes entrés dans le camp en traversant un portail bien gardé et en passant sous le haut fil de fer barbelé. C'était là que nous allions passer les six prochains mois.

~

Nous avons passé les six mois suivants dans le *Familienlager*, le Camp Familial. À ma grande surprise, nous avons retrouvé à l'intérieur du camp maman et toutes les autres femmes qui étaient venues avec nous de Terezín, ainsi qu'un groupe de personnes qui avaient été transportées de Terezín trois mois auparavant. À ce moment-là, il devait y avoir quatre mille personnes dans le camp. Il se composait de deux rangées d'environ trente longues baraques en bois. Il y avait une route entre les deux rangées. Il y avait de la boue partout. Il était difficile de marcher dans la boue profonde avec nos chaussures trop grandes. Parfois nous nous enfoncions dans la boue et il fallait que l'on vienne nous en sortir.

L'une des trente baraques abritait les latrines et une autre l'infirmerie. Les deux sentaient mauvais et étaient emplies de souffrance. Il y avait des baraques pour les hommes et des baraques pour les femmes. Les enfants restaient en général avec leur mère, mais les garçons plus âgés étaient placés avec leur père. Dans notre baraque en bois, nous étions trois cents, hommes et garçons. Sur toute la longueur de notre baraque se trouvait un long conduit de chauffage en briques, qui mesurait peut-être un mètre de haut et un mètre de large. Des deux côtés du conduit se trouvaient des lits superposés à trois étages, chacun prévu pour six personnes, deux personnes par étage.

Plusieurs fois par jour, pour le plus clair de la journée, nous devions nous tenir dehors par rangées de cinq car les SS n'avaient de cesse de nous compter. Ils avaient des visages cruels et tout mouvement durant le comptage était sanctionné par une gifle ou un coup de pied. Je me souviens d'un officier SS cruel du nom de Buntrok, surnommé « le Bouledogue ». Il giflait et donnait des coups de pied au hasard et portait une canne dont il se servait pour frapper fort.

La nourriture était servie une fois par jour. Le midi, on sortait un grand tonneau rempli de soupe chaude. Chaque prisonnier en recevait une louche dans la seule chose qu'il possédait : une écuelle avec une anse, appelée *eschus*. Avec la soupe, on nous donnait un gros morceau de pain. Le soir, on sortait un tonneau de thé chaud incolore et il était servi à la louche dans la même écuelle. Après cela, nous avions quartier libre et pouvions retrouver nos amis et nos familles.

On nous redonnait du thé le matin, mais rien de plus. Le dimanche, la soupe était plus épaisse et servie avec une margarine jaune sans goût et du pain. Je voyais ma mère une fois par jour durant quinze minutes. Elle avait les larmes aux yeux la plupart du temps.

Vivre dans la saleté avec seulement un peu d'eau pour se laver a entraîné la prolifération de puces. Tous les médecins du camp, papa y compris, ont eu pour mission d'assurer l'hygiène du camp. Ils inspectaient nos vêtements afin de tuer les puces et de contrôler le nombre de poux. Lors d'une journée pluvieuse, tous les médecins ont été appelés et accusés de ne pas avoir effectué un travail satisfaisant. Leur sanction a été de devoir courir sous la pluie et de faire des pompes dans la boue.

Ma confrontation avec les poux a été dramatique. Je possédais un gros pull chaud qui m'avait été attribué lorsque l'hiver était arrivé. Il était très beau, avec des losanges blancs, rouges et gris. Je ne me rappelle pas comment je l'avais obtenu; on l'avait probablement jeté tout simplement sur mon corps frêle lorsque mon tour était arrivé lors de la distribution des vêtements d'hiver. L'hiver 1943 a été difficile et mon pull m'a donné quelque réconfort. Il était à manches longues et à col roulé. Une grand-mère polonaise ou hongroise était certainement restée patiemment assise des heures durant à le tricoter pour son petit-fils. Le garçon était sans doute mort à présent. Je le portais tout le temps. Nuit et jour. Il était large d'épaules et sa laine était très douce. Il flottait sur mon corps jadis potelé, mais désormais mince. Je dormais dedans. Après quelques semaines, tout mon corps s'est mis à me démanger. Je me grattais beaucoup. Néanmoins, je n'étais pas le seul à me gratter. Il y avait peu d'eau pour se laver et elle était toujours froide. Un jour, j'ai remarqué une énorme et affreuse bestiole sur une de mes manches. Je l'ai écrasée, mais il en est sorti une autre, puis encore une autre. Horrifié, je me suis dépêché de retirer mon pull. J'ai regardé de près. À mon grand effroi, j'ai vu des centaines de petits insectes rampant et transportant des œufs. Il y en avait des centaines – des poux – chaque centimètre carré en était plein. De petits œufs étaient enfoncés profondément dans la laine. Empli d'une haine vengeresse gonflée par la rage que j'éprouvais envers mes tortionnaires nazis, j'ai frappé les poux de mes poings et les ai écrasés de mes ongles. J'ai piétiné mon pull sur toute sa surface. À mort, vilaines bêtes ! Elles n'avaient rien fait pour mériter ma rage, mais alors moi, qu'avais-je donc fait pour mériter d'être retiré de chez moi à l'âge de douze ans et jeté dans cet enfer ? Je ne pouvais pas me permettre de me débarrasser de mon pull, je l'ai donc secoué puis lavé et je me suis servi de mes ongles pour éliminer la plupart des poux[1].

J'ai eu un autre problème à affronter : des gencives enflées et douloureuses. Toute la bouche me faisait mal et je pouvais à peine l'ouvrir. Cette maladie était due à une carence en vitamines. J'en ai beaucoup souffert et je n'ai reçu aucun traitement. Au printemps, mon état s'est amélioré pour un temps.

Parfois, durant la journée, nous étions libres de marcher le long de la route dans le camp. Je retrouvais des amis qui avaient quitté Terezín avant moi. C'étaient des « anciens » et ils nous donnaient des détails sur la situation dans le camp. Nous avons découvert que les Tziganes tchèques étaient logés dans le camp accolé au nôtre et que beaucoup d'entre eux étaient des enfants. Notre camp était le seul où des familles de Terezín étaient réunies. Qu'est-ce qui nous valait ce traitement de faveur ?

La question qui nous intriguait le plus et que nous avons posée aux anciens portait sur les deux grandes usines que l'on distinguait clairement depuis le camp, à environ deux kilomètres de distance. Chaque bâtiment disposait d'un entrepôt et d'une grande cheminée très haute. Souvent, une épaisse fumée s'échappait des cheminées. S'agissait-il d'usines à pain ou à briques ? La réponse nous a secoués et

---

1 Quarante-trois ans plus tard, mes souvenirs de ces sombres nuits de 1943 me sont revenus lorsque j'ai trouvé et acheté un beau pull à losanges rouges, blancs et gris lors d'un vide-grenier chez un voisin.

nous a fait trembler. « Ce sont des chambres à gaz, nous a-t-on dit, où on tue les habitants des ghettos avant de les brûler dans les fours. » Au début, nous avons refusé d'y croire. Toutefois, plusieurs mois après, lorsqu'un nouveau convoi est arrivé de Terezín et a été placé dans notre Camp Familial, notre tour était arrivé de raconter à nos amis la véritable histoire des grandes cheminées. Il s'agissait d'une vérité dramatique à laquelle, eux non plus, ne pouvaient se résoudre à croire.

Une fois par mois, on nous donnait une carte postale et un stylo. Nous rédigions des messages à nos familles qui étaient restées à Terezín ou ailleurs. « … *bin gesund zusammen mit den Eltern.* » (« … suis en bonne santé et avec mes parents. »). Sur chaque carte postale figurait le nom de l'expéditeur, sa date de naissance et la localisation du camp : « *Arbeitslager* [camp de travail] *Birkenau bei* [près de] *Neu Berun O.S.* [*Oberschlesien* : Haute-Silésie] » Nous y apposions des dates ultérieures, parfois de six mois ou plus, comme on nous avait imposé de le faire. Certainement un affreux présage !

De l'autre côté de notre camp se trouvait un camp réservé aux hommes célibataires et puis un camp réservé aux femmes célibataires. Chaque camp était séparé par une clôture de fil barbelé électrifié. Toute personne qui touchait le fil était électrocutée sur le champ. Un jour, alors que je me promenais en direction de la clôture électrique qui nous séparait des Tziganes, un jeune garçon m'a appelé depuis l'autre côté.

« Regarde ! m'a-t-il dit en me montrant un grand bol de moutarde, tu en veux ?

– Oh oui alors ! lui ai-je dit.

– Amène du pain. » m'a-t-il répondu.

J'avais toujours aimé la moutarde et je me suis dit que ce serait bon avec le pain sec qui était la seule chose qu'on nous donnait, mis à part la soupe et le thé. Je suis retourné au même endroit à la même heure le jour suivant, en ayant économisé toute ma ration de pain de la journée. J'avais peur de passer ma main à travers la clôture électrique, mais pas le garçon tzigane. « Jette le pain. » J'ai jeté le pain et il m'a immédiatement passé le grand bol de moutarde à travers la clôture et est parti en courant. J'ai pris le bol et je suis parti en courant moi aussi. Je me suis dit que je pourrais probablement échanger une partie de la moutarde contre du pain. Le bol était lourd, beaucoup trop lourd. J'ai mis mon doigt dans le bol. Je n'ai ni ri, ni pleuré quand j'ai compris que je m'étais fait avoir. Une fine couche de moutarde avait été disposée par-dessus un bol plein de sable. Le garçon tzigane était parti et était certainement en train de profiter de sa ration de pain supplémentaire. Il l'avait gagnée en passant sa main à travers la clôture électrique.

L'hiver 1944 a été difficile. Il y a eu de la neige et de la glace. Beaucoup sont tombés malades et quelques-uns sont morts. Les jours se sont écoulés lentement durant cet hiver. Nos pieds gelaient dans nos chaussettes fines et nos chaussures en bois. Les femmes souffraient encore plus que les hommes. Elles avaient l'air désespérées, le crâne rasé et étaient vêtues d'affreuses guenilles trop grandes pour elles. Comment pourrais-je oublier les chirurgiens de nuit qui ont opéré le pied gelé de l'un de nos amis, un garçon de 13 ans ? On devait entendre ses cris depuis l'enfer.

Une nuit terrible, interminable, un jeune homme a toussé jusqu'à en mourir dans la baraque dans laquelle nous vivions. C'était un jeune homme à l'air triste, au visage blême et avec de grands yeux qui le faisaient ressembler à Pierrot, ce personnage de la pantomime française. Il parlait doucement et je ne parvenais pas à le comprendre. Fébrile, il tremblait de partout. Il s'est mis à tousser, d'abord légèrement, mais ensuite de manière continue et plus intense, semblant manquer d'air comme un homme en train de se noyer. Ses gémissements se répandaient sur toute la longueur de la baraque. Ceci a duré la plus grande partie de la nuit. Bientôt sa quinte de toux s'est intensifiée. Quelqu'un lui a donné un bol du type de ceux qui nous avaient été attribués à tous pour la ration de soupe quotidienne. Il a craché, uriné, vomi dans le bol et lorsqu'il a commencé à recracher du sang, le contenu du bol a pris une affreuse couleur rouge. Il n'y avait personne pour lui venir en aide. Le matin, il était étendu sur le sol, mort.

Il me faut dire un mot des héros parmi nous. Freddie Hirsch était un jeune homme aux cheveux bruns foncés qui avait organisé des rencontres sportives à Terezín et qui nous aidait à garder le moral. Freddie a réussi, je ne sais comment, à réveiller un reste d'émotion chez le *Kommandant* du camp et ainsi à obtenir que les jeunes enfants soient autorisés à passer les journées froides à l'intérieur. Les autorités ont permis qu'une partie de l'une des baraques soit ouverte aux enfants de 15 ans et moins. Nous pouvions nous y asseoir sur des bancs en petits groupes; nous pouvions jouer, lire et profiter d'un plus grand confort. Les garçons et les filles plus âgés, les *madrikhim* (chefs de la jeunesse) organisaient de petits groupes, jouaient à des jeux avec nous et nous racontaient des histoires. Nous jouions aux devinettes, faisions un peu d'exercice et chantions des chansons. Quelqu'un a apporté une balle de tennis dans le camp et nous, les garçons, nous nous répartissions en équipes et jouions au football tout au fond du camp. Nous autres les enfants, même dans le camp de concentration, avions gardé un certain esprit de jeu.

La nuit et durant la journée, nous voyions des avions américains haut dans le ciel, volant en direction du front. Nous savions que les Allemands avaient été battus à Moscou et qu'ils avaient commencé à battre en retraite. Nous apprenions les nouvelles les plus récentes de la bouche des prisonniers nouvellement arrivés.

À cette époque, nous ne pensions qu'à une chose : « Serons-nous encore en vie demain ? » Maman, bien qu'elle ne se sente pas bien, nous remontait le moral et, parfois, partageait avec nous une partie de sa ration. Mon frère Karel est tombé gravement malade du typhus, mais s'en est miraculeusement remis. Il avait alors 17 ans, il était grand et s'était assagi.

Il n'y a eu qu'une seule évasion du Camp Familial. Elle avait tenu du miracle et ce n'est que beaucoup plus tard que nous avons appris toute l'histoire. Il y avait un seul garde SS gentil, un Allemand yougoslave qui s'appelait Pystek. Il ne nous donnait jamais de coups de pied et ne nous giflait jamais. Il nous faisait même des sourires (oui, il nous souriait, je m'en souviens !). L'histoire s'est rapidement répandue. Un jour, Pystek et un prisonnier sont sortis du camp à vélo, vêtus d'uniformes de SS, en passant par l'entrée principale. Leurs camarades en armes leur ont adressé le « *Heil Hitler* » lorsqu'ils ont passé le portail. Je sais que c'est vrai, même si je ne me rappelle pas si je les ai vus moi-même sur les bicyclettes, ou si, à force d'en parler entre nous, l'image que nous en avions construite était devenue presque réelle. Tous deux ont poursuivi leur chemin, ont descendu la route, passant plusieurs barrages pour arriver finalement dans la campagne. Ils sont allés jusqu'à la gare de train la plus proche, se sont habillés en civil, ont pris le train et sont partis. L'heureux fugitif, Lederer, est parvenu jusqu'à Prague et a rejoint plus tard la résistance clandestine pour lutter contre les Allemands. Il a survécu à la guerre et s'est rendu par la suite en Israël où il vit encore aujourd'hui. Le plus étonnant est que Pystek est revenu au camp peu après pour une deuxième tentative. Cette fois-ci, il a essayé de libérer une belle jeune fille dont il était tombé amoureux. Pystek s'est fait attraper et plus personne n'a entendu parler de lui par la suite. Après cette évasion, la discipline a été renforcée à l'intérieur du camp et les menaces et les sanctions sont devenues plus fréquentes.

Alors que l'hiver rigoureux perdait en vigueur et s'adoucissait, la boue est devenue plus profonde. À l'approche du printemps 1944, une rumeur a commencé à se propager à travers le camp. Convoi. Un mot inquiétant. Or, il ne s'agissait pas d'une rumeur, mais d'une réalité. En mars, on a sonné l'alerte. Tous ceux du camp qui étaient venus de Terezín dans le convoi qui avait précédé le nôtre devaient repartir, pour aller où, ça, personne ne le savait. Il régnait une peur proche de la panique. Cela ne faisait désormais plus aucun doute. Nous savions que les grandes usines à côté du camp étaient des chambres à gaz. Les cheminées n'avaient jamais dégagé autant de fumée. Une épaisse fumée en sortait de manière constante et se répandait aux alentours. Elle venait de la chair et des os des corps incinérés. Des Juifs. Des Tziganes aussi, mais surtout des Juifs. On s'était habitués à la fumée et à l'odeur, mais jamais à la peur d'être le prochain à se faire brûler. Cette peur nous accompagnait jour et nuit. Parfois tout semblait calme, mais il arrivait souvent que la fumée emplisse le ciel. Les journées où de nouveaux convois arrivaient étaient très chargées. Quand les usines ne pouvaient incinérer tous les corps, ils étaient brûlés dans de vastes trous creusés dans le sol. Il y avait plusieurs de ces trous d'où s'échappait, jour et nuit, de la fumée.

Le 7 mars était une date connue de nous tous. C'était l'anniversaire de Masaryk et nous avons tous rendu hommage à ce grand homme. Peut-être était-ce une coïncidence, mais tous ceux qui étaient déjà présents dans le Camp Familial lorsque nous sommes arrivés en décembre – les « anciens » – ont été emmenés par camions et nous n'avons plus jamais entendu parler d'eux. Ils ont été gazés, tués et brûlés. Seuls quelques-uns y ont échappé, des ouvriers spécialisés considérés comme irremplaçables et quelques couples de jumeaux sur lesquels Mengele pratiquait des expériences. Le merveilleux Freddie Hirsch n'aurait pas permis à d'autres de lui prendre la vie. Il s'est suicidé juste avant la fin. Nous nous demandions quand notre tour arriverait. C'était une question qui revenait sans cesse et nous tourmentait.

Le temps s'est réchauffé en mai. Un autre convoi est arrivé de Terezín. Comme nous autres auparavant, des numéros ont été tatoués sur leur bras gauche, avec le préfixe « A » ou « B ». Nous avons accueilli les nouveaux arrivants qui étaient aussi choqués que nous l'avions été plusieurs mois auparavant. Je me souviens d'avoir marché le long de la route boueuse en compagnie de l'un de mes compagnons de la salle L417 de Terezín, un garçon doux qui avait une belle écriture et avait écrit en lettres d'imprimerie notre journal hebdomadaire du dortoir 9. Je lui ai fait part de la nouvelle impensable, incroyable : ces grandes cheminées rejetant de la fumée jour et nuit étaient des usines de la mort.

En ce mois de juin, je retirais ma chemise à chaque fois que je le pouvais pour profiter du soleil. Les jours où le soleil brillait abondamment, nous étions tous submergés de joie, même si notre peur restait grande. Malgré la peur et la faim, nous continuions de nous adonner à nos activités d'enfants. À l'extrémité du camp se trouvait un grand réservoir d'eau et, pendant quelque temps, nous avons été autorisés à y nager.

Le réservoir ressemblait à une piscine et se trouvait au pied du *Männerlager* (le Camp des Hommes), juste de l'autre côté de la cuisine. Aller dans l'eau était strictement interdit, mais comme le veut le dicton : « Il faut que jeunesse se passe ». Parfois, lorsqu'il faisait chaud et que les SS étaient de bonne humeur, il arrivait qu'un garçon courageux s'aventure à plonger dans l'eau. Une de ces journées a bien failli être la dernière pour un garçon du nom de Gerhard. C'était un garçon maigre, blond, qui avait été déporté depuis sa Hollande qu'il aimait tant vers Terezín puis vers Birkenau. Ce garçon calme avait décidé de prendre un bain rapide dans le réservoir. Alors qu'il s'apprêtait à sortir de l'eau en remontant le long des parois glissantes, il a été soudain surpris par un SS. Par jeu ou par sanction, le SS a refusé que Gerhard sorte du réservoir. Il lui a marché sur les mains et l'a repoussé en lui donnant des coups de matraque. Les nazis – qui nous expulsaient de nos maisons, enlevaient nos parents, nous plaçaient dans des camps de concentration – punissaient très sévèrement la moindre infraction faite à n'importe quelle règle. Gerhard a commencé à paniquer. Il a imploré le SS. Il n'a bientôt plus eu de force. Haletant, il a commencé à avaler de l'eau. Un autre garçon, Ludek, était juste à côté et assistait, horrifié, à la scène. C'est alors que le SS a disparu aussi rapidement qu'il était apparu. Ludek a plongé et a sorti Gerhard de l'atroce piscine. Il est resté auprès de lui pendant qu'il reprenait son souffle et l'a amené dans notre baraque[2].

La nuit, les bombardiers américains passaient au-dessus de nos têtes et nous entendions des histoires d'invasion de la France par les armées anglaise et américaine. Des convois continuaient à arriver et le

---

2 En 1987, Gerhard est venu de Hollande pour consigner par écrit nos souvenirs de Birkenau. Lorsque Ludek et Gerhard se sont rencontrés chez moi, ni l'un ni l'autre n'a réalisé que l'un s'était presque noyé et avait été sauvé par l'autre. Lorsque Ludek a commencé à parler de cet épisode, Gerhard a blêmi et sa respiration s'est faite plus lourde. Il a commencé à suffoquer, comme il l'avait fait dans l'eau froide de la piscine de Birkenau. Il a dû quitter la pièce, mais, lorsqu'il est revenu, les deux garçons, désormais âgés de près de soixante ans, se sont embrassés.

gazage se poursuivait avec une intensité accrue. Plusieurs mois après notre arrivée, une gare ferroviaire avait été construite à « Birkenau bei Neu Berun ». On déchargeait encore plus de gens des trains à bestiaux. Jour et nuit, l'extermination se poursuivait. Seule une poignée de personnes se voyait accorder une chance de survie; la plupart partaient en fumée. Nous distinguions clairement des hommes, des femmes et des enfants se diriger vers les grands crématoriums. De celles et ceux qui ont pénétré ces bâtiments, personne n'est ressorti vivant. La « sélection » tant redoutée se faisait sur la plateforme de la voie de chemin de fer, à un kilomètre à peine de notre camp. C'est là-bas que se déroulait le drame, ceux qui étaient voués à la mort étaient séparés de ceux qui étaient autorisés à vivre.

Début juillet, le Camp Familial a connu un vent de panique. Notre tour était arrivé. Allions-nous suivre le chemin emprunté par nos amis qui avaient disparu en mars? Personne ne voulait l'admettre, mais nous connaissions tous la réponse. On nous a donné de nouvelles cartes postales à envoyer à Terezín. On nous a ordonné de les postdater d'un mois. Cela n'augurait rien de bon. Serions-nous encore en vie à cette date?

Plutôt que d'être envoyés tous ensemble, on nous a envoyés par groupes. Je me rappelle avoir dit adieu à ma mère. La longue baraque était éclairée par une seule petite ampoule. Les gens allaient et venaient. Mon frère et moi étions assis avec ma mère sur le niveau le plus bas du lit à trois étages, si serrés que nos corps se touchaient. Elle savait que sa fin était proche, mais elle le cachait à ses deux fils. Au lieu de cela, elle a partagé avec nous un morceau de pain qu'elle avait gardé de son souper. Mais alors que tous les trois nous nous blottissions les uns contre les autres, nous savions ce qui nous attendait. Nous n'avons pas pleuré. Maman a exprimé la haine qu'elle avait eue toute sa vie contre les Allemands et a chanté quelques chansons tchèques. « *Tant que notre chanson vit, nous vivons* ». Karel et moi nous nous sommes joints à elle. Ma mère a embrassé ses deux garçons et nous a renvoyés dans nos baraques respectives.

Les premiers à partir étaient les hommes valides, âgés de 16 à 50 ans. J'ai dit au revoir à papa et Karel et les ai regardés s'éloigner. C'était une journée chaude et sèche. Ils sont sortis du Camp Familial de Birkenau à pied, formant une longue colonne, entourés de SS. Karel était maigre et pâle et venait tout juste de se remettre de sa fièvre typhoïde. Papa semblait un peu plus en forme. La colonne a disparu au loin. Chacun portait un petit pain et le peu qu'il possédait. Je leur ai fait signe à travers le fil de fer barbelé. J'ai appris plus tard qu'ils avaient été envoyés dans un camp de travail. Je ne sais pas précisément quand ils sont morts, mais j'ai appris par la suite comment ils sont morts. Ils avaient marché pendant des heures lors d'une marche d'évacuation. Karel ne se sentait pas bien et ne pouvait aller à la même vitesse que les autres. Il s'est retrouvé derrière, très loin derrière. Papa est resté avec lui en queue de file. Karel est tombé à terre, complètement exténué. Papa a essayé de l'aider à se relever, mais le garde SS s'est mis à hurler. Il a donné un coup de pied à Karel, mais n'est pas parvenu à le faire se relever. Le SS a tiré deux balles, l'une sur Karel et l'autre sur papa. Papa est mort à la fois comme médecin auprès de son patient et comme père auprès de son fils.

Le jour suivant mes adieux à Karel et à papa, le 6 juillet, un mois exactement après l'anniversaire de mes 14 ans, tous les garçons ayant entre 14 et 16 ans ont été rassemblés. Nous nous sommes mis en rangs, nus, en face de l'homme le plus redouté du lieu, le Dr Mengele. Il était bel homme, revêtu de l'uniforme le plus élégant. Quand nous passions à son niveau, il faisait un geste du doigt, soit vers la gauche, soit vers la droite. Comment est-ce que je me rappelle la date ? « *Wie alt bist du ?* » m'a-t-il demandé. Quel âge avais-je ce jour-là ? « 14 ans et un mois » ai-je répondu, de la voix la plus assurée que j'ai pu. Il m'a envoyé vers la droite. J'ai remarqué qu'avant moi il avait envoyé deux garçons plus petits vers la gauche. Il y avait près de cent garçons dans le groupe que j'ai rejoint. On nous a dit de rassembler ce que nous possédions, de dire rapidement au revoir aux autres et de nous mettre en rangs à l'entrée du camp. On nous a conduits au *Männerlager*, le

Camp des Hommes contigu au Camp Familial, dans lequel nous sommes restés jusqu'à l'évacuation en janvier 1945.

Peu après, ceux qui étaient restés au Camp Familial ont été gazés. On les a emmenés dans des camions fermés. Le fait de les transporter de nuit dans des camions scellés et de faire le tour du camp visait sans doute à les rassurer, mais la fin était imminente. Au dernier moment, les gens ont commencé à se battre à mains nues et armés de quelques bâtons. Ils ont été atrocement battus avant de mourir. Beaucoup pleuraient. Comme nous l'avons appris plus tard de la bouche de travailleurs, les Juifs tchèques sont morts en chantant l'hymne tchécoslovaque, *Kde domov mûj?* (« *Où est ma patrie?* ») et *Hatikvah*, la chanson de l'espoir en hébreu.

Ma mère est morte le 10 juillet 1944.

~

Le *Männerlager* se trouvait à proximité du Camp Familial. Il avait exactement le même aspect. Il y avait deux rangées de baraques séparées par une route qui traversait le camp. La centaine de garçons passés du Camp Familial au Camp des Hommes étaient logés dans la Baraque numéro 13. Aucun d'entre nous ne se doutait que la Baraque 13 était habituellement la cellule de punition. Nous y avions été placés parce que les autres baraques étaient pleines. À la différence des autres baraques, ce *Block* avait un jardin clôturé à proximité. Dans un coin du jardin se trouvaient des potences et dans l'autre coin se trouvait un grand chevalet de sciage utilisé pour fouetter les prisonniers. Ceci m'a rappelé l'instrument de torture de Budějovice. Apparemment, nous étions encore au Moyen Âge.

Les chambres à gaz fonctionnaient alors jour et nuit. Toute la zone était recouverte d'une épaisse couche de fumée. Les voies ferrées qui partaient depuis Auschwitz, la ville voisine, conduisaient désormais directement aux usines de la mort. Les trains bondés, remplis surtout de Juifs, arrivaient à quelques heures d'intervalle. Chaque jour, des milliers de personnes étaient tuées. La fumée qui ne cessait de se répandre depuis les énormes cheminées voisines nous rappelait que la vie pouvait s'envoler en fumée en l'espace de quelques malheureuses minutes.

Nous, les garçons, étions bien traités par les autres prisonniers. Des Juifs et des non-Juifs habitaient la baraque de punition, mêlés dans notre malheur. La moitié des hommes environ étaient des Juifs. Je me souviens tout particulièrement des officiers russes de la Baraque 13. Ils étaient impressionnants. Grands, larges d'épaules, ils inspiraient un profond respect. Ils nous souriaient et nous parlaient. Le soir, ils fredonnaient et chantaient leurs chansons patriotiques. Cela nous faisait frissonner et même les gardes SS en avaient peur.

La centaine de garçons dormait au bout de la baraque. À 4h30 du matin, nous étions réveillés par un *kapo* polonais qui s'appelait Metek. Il tapait avec un bâton sur les couchettes en chantant « *Stavat, stavat, Kurva tvoje mat.* » (« Debout, *fils de putain.* ») En fait, ce n'était pas un mauvais bougre. Le *Blockälteste*, le chef de la baraque, s'appelait Bednarek et c'était un criminel allemand qui avait déjà passé sept ans dans les camps. C'était un homme qui pouvait être aussi cruel que généreux.

Peu après notre arrivée dans ce camp, les chefs de *Block* et les *kapos* sont venus chercher des coureurs – les *Läufer*. Ces garçons, dont le physique plaisait aux *Prominenten*, ou personnes importantes du camp, étaient chargés de tâches de coursiers. On leur donnait des tenues élégantes et de grandes bottes et ils étaient autorisés à se laisser pousser les cheveux. Ils ont été déplacés dans d'autres baraques. Beaucoup parmi ceux qui restaient ont été assignés au *Rollwagen Kommando*. Notre travail était « allégé ». Nous étions des hommes-chevaux, nous tirions ou poussions de grands chariots en bois. Nous remplissions et vidions ces chariots de neige durant l'hiver. L'été, nous nettoyions le camp ou déplacions du charbon ou quoique ce soit d'autre qui avait besoin d'être déplacé. Nous étions debout à 4h30 tous les matins sauf le dimanche, où nous pouvions dormir jusqu'à

5h30. Environ quinze garçons travaillaient avec un seul chariot. Nos ennemis étaient la chaleur ou le froid, la faim et la peur. Nous travaillions à l'intérieur et à l'extérieur du camp. À l'entrée du camp se trouvait une petite tribune pour un orchestre. Certains détenus de l'orchestre étaient des musiciens de renom, dont le chef d'orchestre, Karel Ančerl. L'orchestre jouait le matin quand les détenus partaient travailler et le soir quand ils rentraient. Je ne percevais pas le décalage comique que créait la présence d'une fanfare au sein d'un camp de concentration. Lorsque nous quittions le camp en poussant nos chariots, nous devions marcher au rythme de l'orchestre.

Notre travail était épuisant et les heures étaient longues. Les garçons plus solides poussaient plus fort que les plus faibles. Entre nous, il n'y avait ni exploitation, ni vols, ni bagarres. Ce n'est qu'à la fin de la journée que nous recevions à manger lorsque nous retournions à nos baraques. Avant le repas, nous nous mettions en rangs et attendions l'appel. L'appel était fait avant le repas et parfois nous restions au garde-à-vous pendant des heures. Si l'on bougeait, on se faisait frapper par un SS. Après l'appel, nous nous mettions en rangs avec nos *eschus*, nos écuelles, à la main et attendions notre repas quotidien – une assiette de soupe et un gros morceau de pain. Parfois, on nous donnait un peu de margarine et de confiture avec le pain. Le matin, nous nous mettions en rangs pour un bol de thé incolore. Le soir, après notre repas, nous nous asseyions sur nos lits ou sur le long conduit et parlions ou jouions aux devinettes. Nous rêvions à l'avenir. Nous discutions politique et religion. Nos milieux d'origine étaient variés. Parmi nous, certains étaient issus des classes moyennes et quelques-uns de foyers juifs pratiquants. Nous parlions pour la plupart tchèque, certains parlaient allemand et quelques-uns parlaient hollandais. L'heure du coucher arrivait vite. Nous étions six par lit superposé à trois étages. Au lit, nous bavardions entre nous et certains faisaient ce que les garçons de quatorze ans ont toujours fait. La nuit, dans nos lits superposés, nous nous enroulions dans nos fines couvertures pour que les gros rats affamés qui sortaient quand il faisait sombre ne nous attaquent pas. Le dimanche à midi, on nous donnait de la soupe de petits pois où flottaient de gros morceaux de lard. Ensuite, nous étions autorisés à jouer avec une balle. À l'une de ces occasions, je me suis fait la seule blessure que j'ai reçue de tout mon séjour dans le camp. L'un des garçons m'a lancé une petite pierre de près et elle m'a atteint en plein milieu du front. Toutes ces années après, j'en porte encore la cicatrice.

La Baraque 11, juxtaposée à la nôtre, était encore plus bizarre que notre baraque. C'était là que dormaient les *Sonderkommandos* (les commandos spéciaux), entassés comme nous l'étions dans des lits superposés à trois étages. Les hommes de ce groupe spécial étaient forts. Ils avaient été sélectionnés pour leur aptitude au travail difficile et en raison de leurs nerfs solides et avaient, pour la plupart, entre 20 et 40 ans. Ils ne parlaient jamais de leur travail, mais tout le monde savait ce qu'ils faisaient. Ils travaillaient dans les chambres à gaz, conduisant les vivants dans les chambres à exécution, traînant ensuite les cadavres vers les crématoriums. Ils en savaient trop, mais ils étaient bien nourris. Ils avaient accès à toute la nourriture qu'ils voulaient, au salami, à la viande séchée, aux gros morceaux de pain, aux boîtes de sardines – toute la nourriture que les prisonniers venant d'arriver de Hongrie avaient emportée dans le train qui les amenait au camp. Les *Sonderkommandos* n'étaient pas autorisés à sortir de leur baraque. Toutefois, pour un bref laps de temps, certains d'entre nous ont défié les ordres et nous entrions furtivement dans la Baraque 11 la nuit. Les hommes des *Sonderkommandos* appréciaient nos visites et nous nourrissaient comme des rois. C'était trop beau pour durer. Bientôt, un ordre a été passé proclamant que tout contact avec les hommes de la Baraque 11 était « strictement interdit ». Toute personne découverte là-bas serait « sévèrement punie ». Nous savions tous que ces termes signifiaient des coups et des privations de nourriture. Nos visites dans la baraque du *Sonderkommando* ont cessé. Nos estomacs nous faisaient souffrir la nuit et l'odeur du délicieux salami nous semblait appartenir à un lointain passé.

Le garçon le plus petit s'appelait Pauli. Il avait à peine 12 ans. Son visage était blême et ses os fins. Aucun d'entre nous ne connaissait son passé. À la différence de la plupart des garçons qui étaient tchèques, Pauli venait d'Allemagne. Pauli a appris à parler notre langue étrange, même s'il la parlait avec un drôle d'accent. Pauli a été le premier à désobéir à l'ordre interdisant d'entrer dans la Baraque 11 et s'est fait prendre. Il a été sévèrement puni. Il a été traîné dans la petite cour qui se trouvait à l'extérieur de la Baraque 13, a été jeté au sol et a reçu plusieurs coups de pied. Il y avait une boîte en bois dans l'un des coins de la cour. Ils ont placé cette boîte au milieu de la cour, en ont soulevé le couvercle et y ont jeté Pauli. Il y avait juste assez d'air qui rentrait par les fentes pour ne pas qu'il étouffe. Il ne pouvait ni s'allon ger ni s'asseoir à l'intérieur de la boîte, mais devait s'accroupir dans une position intermédiaire. Ses pleurs et ses soupirs ont été d'abord bruyants puis se sont faits plus faibles. Il manquait d'air. Les garçons de la baraque ont vu toute la scène Cette punition était un avertissement adressé aux autres. Cette nuit a semblé ne pas vouloir prendre fin. Aucun d'entre nous n'a dit mot. La voix gémissante de Pauli et ses supplications ont résonné dans nos oreilles jusqu'à ce que nous nous endormions. Le matin, plus aucun bruit ne s'échappait de la boîte. Pauli, exténué, s'était lui aussi endormi. Mais il avait survécu à la nuit.

Un jour, alors que je me tenais près de la barrière électrifiée qui séparait notre camp du camp voisin, j'ai remarqué un homme dans l'autre camp qui essayait d'attirer mon attention. Tout comme les autres prisonniers, il avait le crâne rasé et il portait l'uniforme rayé des camps. Il devait avoir quarante ans. Je ne me rappelle pas dans quelle langue il s'est exprimé, certainement un mélange de polonais, de hongrois et d'allemand. Je me suis approché de la barrière avec précaution, conscient que je serais électrocuté sur le champ si je la touchais. L'homme avait l'air triste et ses yeux étaient emplis de larmes. Il m'a demandé comment je m'appelais et quel âge j'avais, puis il m'a dit qu'il avait eu un fils du même âge environ. Je ne lui ai pas demandé ce qui était arrivé à son fils – nous le savions tous les deux et nous nous sommes machinalement tournés en direction de l'une des grandes cheminées d'où s'échappait une épaisse fumée noire. Mon nouvel ami s'appelait Peter. Alors que nous discutions, il a subitement levé la main et fait signe en direction du camp contigu au nôtre. Un sourire est apparu sur son visage. Au loin, j'ai vu la main d'une femme répondre à son salut. C'était la femme de Peter. Il m'a dit qu'elle supportait difficilement la vie dans le camp et qu'il avait peur qu'elle ne puisse plus tenir longtemps. Il l'aimait profondément et voulait partager avec elle le peu de nourriture qu'il avait pu économiser de sa ration. Il a lancé deux morceaux de pain par-dessus la barrière – un petit pour moi et un grand qu'il m'a demandé d'apporter à sa femme. J'ai ramassé les deux morceaux en vérifiant que personne ne me voyait. J'ai traversé en courant le camp dans toute sa largeur en direction de la barrière derrière laquelle se tenait la femme de Peter. Elle était de taille moyenne et peut-être avait-elle été belle autrefois. Elle faisait peine à voir dans ses vêtements de détenue et avec son crâne qui luisait. Je lui ai lancé le gros morceau de pain, elle l'a ramassé et l'a mangé. Ses yeux étaient emplis de larmes. Je pensais à mes parents – à ma mère qui avait été gazée plusieurs mois auparavant et à mon père qui avait été envoyé ailleurs pour effectuer des travaux difficiles. À ce moment-là, je ne prenais pas toute la mesure de la tragédie qui était en train de se dérouler, jour après jour. Peut-être ma volonté de vivre était-elle plus forte que tous les autres sentiments. J'ai laissé la femme de Peter car l'heure était venue de rentrer à la baraque. J'ai mangé ce que j'avais reçu en paiement pour avoir transmis le message de Peter. C'était bon.

À partir de ce moment-là, je suis revenu à la barrière tous les jours pour parler à Peter. Il m'aimait bien et il était agréable pour moi d'avoir un ami adulte. Nous discutions un peu, puis j'apportais un morceau de pain à sa femme et j'étais récompensé pour mon effort. Elle reprenait généralement courage lorsqu'elle me voyait arriver. Je lui apportais toujours le même message de la part de Peter : « Je t'aime et nous serons bientôt réunis à nouveau. »

Les changements étaient fréquents dans le camp et généralement pour le pire. Un jour, je suis venu à la barrière du camp de Peter, mais il n'y était pas. La totalité du camp avait été évacuée la nuit précédente. Je ne savais pas ce qui s'était passé. La femme de Peter avait elle aussi remarqué que son mari était parti. Elle m'a fait signe de la main et je lui ai répondu, mais je ne me suis pas rendu de son côté de la barrière. Je ne les ai plus jamais revus et je n'ai plus jamais entendu parler d'eux.

Hormis notre peur des chambres à gaz, la faim et le froid, les moments les plus terribles pour nous étaient les jours de sanction. Ces jours-là, nous n'étions que des spectateurs, mais ce que nous voyions était horrible. Le pire des incidents est survenu le jour où deux hommes ont tenté de s'évader. Ils cachaient des vêtements de civils dans un petit abri en bois près de la voie ferrée où ils travaillaient. Ils avaient rassemblé une lampe torche, deux couteaux et de la nourriture pour quelques jours. Néanmoins, leur cavale a été de courte durée. On a entendu des sirènes. Leurs hurlements menaçants remplissaient l'air. On a entendu des bruits de moteurs que l'on allumait. Des véhicules ont filé en direction de la voie ferrée. Des chiens ont commencé leur aboiement meurtrier et infernal et nous tremblions tous.

Il était vingt heures lorsque 3 000 hommes du *Männerlager* ont été forcés de se mettre par rangées de cinq entre les baraques, avec interdiction de bouger. Ce soir-là, il n'y a pas eu de repas. Tous les hommes étaient restés debout pendant près de deux heures. Les SS, enragés, chargeaient toute personne qui sortait du rang, donnaient des coups de pied et tapaient au hasard. Vers 20h30, il y a soudain eu un silence dans le camp. L'orchestre de l'entrée a joué « *Home sweet home* » et les deux hommes sont apparus, attachés l'un à l'autre par les pieds. Ils avaient le visage noir de charbon et de sueur. Ils marchaient lentement, avec, pointées dans le dos, les armes des SS qui les suivaient. Les deux fugitifs, Jiří et Manny, portaient un écriteau avec ces mots inscrits grossièrement : « *HURRAH, WIR SIND SCHON WIEDER DA* » (« Hourra, nous sommes déjà de retour »).

Les deux hommes avaient du sang sur le visage. On les a d'abord fouettés, l'un après l'autre. Ils étaient attachés par les bras et les jambes, penchés au-dessus du chevalet de sciage. Le pantalon baissé, chaque condamné a été fouetté et devait compter à voix haute lorsqu'il recevait un coup. Chaque coup était administré avec un rondin de bois et, chaque fois qu'ils étaient touchés, c'était comme si leur corps entier recevait une décharge électrique. Après quinze coups, leur chair était à vif et, après vingt-cinq coups, le sang coulait. Chaque homme a reçu soixante-quinze coups. Deux SS se sont relayés et ont usé de toute la force animale dont ils disposaient. L'un des deux prisonniers était juif, l'autre non. Le premier homme a compté jusqu'à soixante-dix, puis n'a plus fait que crier. Ensuite il s'est effondré et a été jeté sur le côté et on l'a laissé saigner sur le sol. Le prisonnier juif savait, tout comme nous qui observions, que sa punition serait pire. Quatre SS, grands et bien nourris, se sont relayés. Ils ont frappé fort. Après cent vingt coups, la vraie punition a commencé. Il a été jeté par terre. Au moyen de longs poteaux, il a été frappé sur tout le corps et sur la tête. L'un des poteaux s'est cassé, si bien que le SS, en colère, lui a donné des coups de pied, l'a piétiné et l'a frappé de ses poings. Les vêtements arrachés, le prisonnier saignait abondamment et il avait les yeux crevés. Du pus sortait de sa tête. Son visage avait un aspect effrayant. Ce n'était plus un homme, mais un tas de chair ensanglantée. Des sons inhumains s'échappaient de ses poumons perforés.

Nous étions là, incapables de penser.

« *Genug !* » (« Assez ! ») s'écria le chef. « Faites venir un médecin. » Un médecin est arrivé. Les deux, presque morts, ont été placés sur un brancard et transportés dans la baraque. Les médecins se sont affairés toute la nuit, avec des médicaments rudimentaires et des pansements.

Personne n'a parlé ce soir-là. Deux semaines plus tard, les deux hommes ont été pendus sur la potence et tout le camp a été contraint d'assister au spectacle. Grâce à une requête du chef de la baraque – un prisonnier allemand non juif – nous autres les garçons n'avons pas eu à subir ce spectacle.

Partout à cette époque, durant l'été 1944, les Allemands battaient en retraite. Le 6 juin, jour de mon quatorzième anniversaire, j'ai appris que les troupes américaines et britanniques avaient débarqué en Europe pour repousser les Allemands. Ceci nous a donné de l'espoir. L'automne, avec ses journées plus fraîches, approchait lentement. Alors que les jours raccourcissaient et que l'hiver suivant semblait proche, les choses ont commencé à changer. Les avions volant à haute altitude au-dessus de nos têtes sont devenus un événement quotidien. Nous avons appris que les troupes soviétiques progressaient. Certaines nuits, nous avions l'impression d'entendre des explosions au loin.

La fumée qui s'échappait du crématorium a disparu. Quelques semaines plus tard, les crématoriums restants ont cessé leur activité et, un jour, l'impensable s'est produit. Des groupes de travail se sont mis à démolir à la pioche les deux terribles bâtiments aux larges cheminées. Les nazis avaient commencé à les faire sauter, tentant de faire disparaître toute preuve de leurs méfaits. J'ai un souvenir très net d'une brève visite que j'ai faite à l'intérieur de l'une des chambres à gaz. Notre *Rollwagen Kommando* devait aller chercher du bois de construction dans la cour des crématoriums qui étaient partiellement en ruines. Quelques-uns d'entre nous se sont précipités à l'intérieur des chambres à gaz. Nous avons découvert une longue salle sombre en béton avec un plafond bas chargé de lourdes poutres en béton elles aussi. Telle est l'image qui me vient à l'esprit aujourd'hui lorsque je pénètre dans ces garages en béton situés sous de grandes tours de bureaux ou d'appartements.

Les nuits froides et la neige ont fait leur retour. 1945 est arrivé.

La centaine de garçons qui avaient survécu à l'extermination du Camp Familial étaient tous encore en vie. Des histoires d'évacuation circulaient. Quelques garçons ont été transportés vers d'autres camps, mais je pense que la plupart étaient restés ensemble. On entendait désormais distinctement l'artillerie de l'Armée rouge. Nous savions que la fin était proche, mais nous redoutions aussi d'avoir trop de nouvelles embûches à affronter. Les chambres à gaz n'étaient plus une menace, mais notre plus grande peur était désormais les convois vers l'inconnu. Pour la plupart d'entre nous, l'inconnu s'avéra pire que tout ce que nous aurions pu imaginer. Mais nous étions jeunes et nous ne nous avouions pas encore vaincus.

En janvier 1945, juste avant que l'Armée rouge ne libère Birkenau, notre camp a été évacué et nous avons été emmenés. C'est alors qu'a commencé la marche finale.

La marche finale

Le 10 janvier et le 23 avril ne sont séparés que de cent jours, mais, en 1945, cette période a semblé ne jamais vouloir prendre fin. Il n'y avait pas de soleil – seulement de la neige et de la pluie cinglantes et glaciales. Ça a été une période durant laquelle s'accrocher à la vie, d'heure en heure, semblait être un effort insurmontable. Chacun de nous espérait que, le jour suivant, sa souffrance prendrait fin. Pourtant, chaque jour qui passait s'avérait être pire que le précédent. Dans la neige et dans des wagons à charbon sans toit, lors des transports sans fin et des marches de la mort, un à un nous avons commencé à tomber.

Alors que les armées de l'est progressaient vers le cœur de l'Allemagne et que les armées de l'ouest poussaient en direction de l'est, les prisonniers des camps de concentration étaient traînés de camp en camp, à pied et par train, durant la journée et pendant la nuit. Nous avons commencé à pied, plusieurs milliers de détenus en habits de prisonnier. Chacun a reçu une couverture, un gros morceau de pain et une boîte de conserve de viande. Nous avons passé la première nuit à marcher et nous nous sommes reposés sur nos couvertures durant la journée, dans la boue et la neige. La nuit suivante, beaucoup n'étaient plus capables de marcher. Ils prenaient du retard et étaient abattus. Les féroces gardes SS, en uniforme, criaient des ordres, tiraient à bout portant sur les personnes fatiguées. Lors du second jour de marche, toute la nourriture avait été mangée et les couvertures étaient trop lourdes pour que nous puissions continuer de les porter. J'ai jeté la mienne quelque part dans la neige.

Enfin, ceux d'entre nous qui restaient – et ils étaient nombreux – sont arrivés à une petite ville frontière avec une gare. Il était bon de voir le train. Au moins nous n'aurions plus à marcher. Le train se composait d'une vieille locomotive à vapeur et de nombreux wagons à charbon. On nous a entassés à l'intérieur des wagons. Il n'y avait pas assez de place pour tous les hommes, les SS ont donc poussé jusqu'à ce qu'ils puissent fermer les portes. Nous ne pouvions pas nous asseoir, tant il y avait de corps debout et appuyés les uns contre les autres. Le train est resté en gare des heures durant, peut-être une demi-journée, avant de se mettre en branle.

Il s'est remis à neiger. Personne ne savait quelle était la destination du train, ni combien de temps cela prendrait pour y arriver. Personne ne parlait. Nous nous tenions debout, en silence. Si quelqu'un devait uriner, on le poussait jusqu'au bord du wagon où il faisait ce qu'il avait à faire dans un pot, vidait le pot depuis le train en mouvement et était poussé pour regagner sa place. Il n'y avait rien à manger.

Les hommes les plus âgés commençaient à perdre leurs forces et ne parvenaient plus à se tenir debout. Leurs corps épuisés commençaient à se reposer sur d'autres et devaient être maintenus debout jusqu'à ce qu'ils s'effondrent. Ils étaient alors évacués à la gare suivante et abattus par les gardes SS. Quand serait-ce mon tour ? Combien de temps allais-je encore tenir ?

La deuxième nuit, je suis tombé sur les genoux. J'ai hurlé. L'homme sur les pieds duquel je suis tombé aurait pu me renverser et l'on m'aurait emporté et abattu à la gare suivante. Mais il a tendu les bras dans ma direction et m'a remis debout. « Il n'est encore qu'un garçon », l'ai-je entendu dire en yiddish. Un de mes camarades, dont j'ai oublié le nom, et moi nous sommes accrochés l'un à l'autre. Quand est arrivé le matin, nous traversions de petits villages de Moravie. Les gens dehors formaient une chaîne. Ils marchaient le long du train, jetant à l'intérieur des morceaux de pain et des pommes. Mon camarade et moi avons partagé tout ce que nous avons attrapé. Il a eu plus de chance que moi. Il avait les mains pleines, mais il a partagé le tout équitablement. Nous avons mangé tout ce que nous pouvions et nous avons rempli nos poches. Aussitôt que les gardes SS se sont rendu compte de ce qui se passait, ils ont braqué leurs armes sur les Moraves, dégageant ainsi l'espace le long du train. La nourriture que nous avons pu attraper nous a permis de tenir encore un certain temps.

La nuit suivante a été extrêmement froide. Dans le train sans toit, nous n'avions plus à rester debout. Tant d'hommes avaient été sortis du train et abattus qu'il y avait assez de place pour s'asseoir et même pour s'allonger sur le sol froid. Je me suis endormi, recouvert de vieilles guenilles. Mes poches avaient été vidées de chaque miette que j'y avais accumulée en début de journée. Un jeune garçon que je connaissais un peu avait une forte toux. Il était allongé à mes côtés. Il avait de la fièvre et il délirait. Sa voix était faible mais claire. « Salut les gars, disait-il, j'ai une cruche remplie de soupe chaude. Venez en prendre. De la soupe chaude et bien épaisse. Voici la cruche, elle est pleine, vous voyez… » Il n'a pas pu continuer. Sa toux a empiré. « Venez prendre de la bonne soupe, épaisse et chaude. » « Chut », lui a crié quelqu'un, mais, dans son délire, il tournait en rond, portant la cruche de soupe imaginaire. Quelqu'un lui a donné un coup de pied et il est tombé. La nuit a été longue et est passée lentement. Quand je me suis réveillé, il faisait déjà jour. Le corps du garçon, bleu de froid, était allongé près de moi. Ses vêtements avaient été arrachés. Ils ont jeté son corps à la gare suivante.

Le train a traversé ma ville, Budějovice. J'ai presque pu voir la maison que nous avions habitée autrefois. Une autre fois, à moitié endormi, j'ai entendu des avions au-dessus de ma tête. C'étaient les Britanniques. Ignorant ce que contenait le train, ils l'ont survolé sur toute sa longueur en tirant dessus à la mitrailleuse. Des balles sont tombées tout autour de moi, mais j'ai été épargné. Le conducteur du train a été touché et est mort en quelques minutes. Nous avons subi un autre raid, mais, cette fois-ci, tout le monde s'est caché sous le train. Dès que les avions ont disparu, les SS nous ont forcés à remonter dans le train. Les quelques hommes qui ont tenté de s'échapper ont reçu des balles dans le dos.

Durant ces cent jours, j'ai séjourné dans deux camps en Allemagne, Oranienburg (un camp également connu sous le nom de Sachsenhausen) et Flossenbürg. Lorsque nous sommes arrivés à Oranienburg, on nous a conduits dans un grand bâtiment qui ressemblait à une immense usine. Il y avait plusieurs bacs remplis d'eau sur le sol. Assoiffés et affamés, nous avons plongé nos mains dans le liquide. Il était salé et infect. Certains d'entre nous sont tombés malades.

Le camp était déjà si bondé qu'il n'y avait pas de place pour nous et qu'on nous a fait remonter dans le train pour un autre long voyage. Ils ont finalement trouvé de la place à Flossenbürg, l'un des plus anciens camps de concentration allemands. Situé sur une colline et partiellement creusé dans une carrière, il était construit sur plusieurs niveaux à flanc de colline, avec des baraques à chaque niveau. Il y avait deux potences au milieu du camp qui étaient souvent utilisées. Le camp de Flossenbürg était peuplé de différents types de prisonniers, parmi lesquels des criminels allemands, des homosexuels, des prisonniers politiques et, désormais, ceux d'entre nous arrivés d'Auschwitz. Chaque catégorie de prisonniers était identifiée par une lettre sur un triangle d'étoffe cousu au revers de la veste. J'ai pu constater que les prisonniers politiques, généralement des socialistes, étaient plutôt bienveillants. Les criminels, tous allemands, étaient les pires et, avec les SS, c'était eux qui dirigeaient le camp. C'était eux les *Blockälteste*, les chefs des baraques. Ils avaient obtenu certains privilèges, tels que des chambres privées à l'intérieur des baraques, des repas supplémentaires et, dans certains camps, la visite de prostituées. Les *Blockälteste* s'accrochaient avec ténacité à ces avantages en faisant régner les règles les plus strictes au sein des baraques. Certains étaient plus cruels que les gardes SS.

De la neige fraîche était tombée le jour de mon arrivée dans ce camp en février 1945. Il faisait extrêmement froid. On nous a emmenés prendre une douche dans une petite baraque en bordure du camp. Il était tard dans la nuit. Après la douche froide, nous avons été conduits de force, complètement nus, à travers la neige en direction de la baraque qui allait devenir notre nouveau logement. On nous a jeté des tenues de prisonnier. La baraque était déjà occupée par d'autres détenus et, en tant que nouveaux arrivants, nous n'étions pas vraiment les bienvenus. On nous a fait clairement comprendre qu'il était difficile de survivre dans ce camp. La discipline à l'intérieur du camp était stricte et impitoyable. Les sanctions pour les délits étaient imposées par les SS. Les petites transgressions étaient gérées par leurs assistants zélés, les *Blockälteste*.

Le pire des *Blockälteste* s'appelait Franz Stocker. On nous avait mis en garde contre lui dès notre arrivée. « Méfiez-vous de Franz Stocker, le *Blockälteste*. » Il avait les cheveux gris, l'aspect brutal, la cinquantaine, mais semblait plutôt avoir dans les soixante-dix ans. Franz Stocker ne décolérait pas. Il savait que tout le système de Hitler était en train de s'écrouler. Il appartenait à Stocker et aux autres de son espèce de décider de punir leurs ennemis. Sa profonde haine des Juifs était sans égale. Il avait une expression pour nous désigner : « Porcs de Juifs hongrois. » Nous devions être punis. Sa baraque comptait environ 150 hommes qui répondaient à cette description. Le reste était des prisonniers politiques de divers pays conquis. D'après Stocker, le « porc de Juif hongrois » devait être séparé de tous les autres. Il a décidé de construire un ghetto pour nous à l'intérieur de la baraque. Nous attendions dehors, dans le vent froid de mars, pendant que Stocker, aidé des prisonniers, préparait le ghetto. Un coin de la baraque a été séparé du reste par une corde, avec des couchettes pour environ quarante personnes.

Franz fulminait alors que nous entrions en rangs dans nos nouveaux quartiers. Nous sentions mauvais, nous étions laids – nous étions des porcs. Il était debout sur une chaise, un tuyau en caoutchouc à la main. Avec cette matraque dans sa main droite, il frappait de toutes ses forces sur nos têtes. Lorsque mon tour est arrivé, j'ai chancelé sous l'impact, mais j'ai continué d'avancer en direction de l'espace étroit démarqué par la corde. Cette nuit-là, nous sommes restés assis dans nos baraques, serrés comme des sardines. Nous étions à cinq sur chaque couchette, quinze personnes par lit superposé à trois niveaux. Nous n'avions pas d'autre choix que de rester assis toute la nuit, adossés les uns aux autres, à essayer de dormir. La nuit, beaucoup sont tombés par terre avec un grand boum suivi d'un gémissement de douleur. Certains ne pouvaient pas se relever et ils ont été traînés jusqu'à l'infirmerie où plusieurs centaines de prisonniers restaient allongés sur le sol, sans recevoir la moindre aide de la part de qui que ce soit.

Stocker n'avait de cesse de nous insulter et nous privait même de nos rations qui étaient déjà maigres. Il avait son tuyau en caoutchouc à la main et si l'un d'entre nous le contrariait, il y avait droit.

Tôt dans la matinée de notre premier jour passé dans le camp, des tâches nous ont été attribuées. La mienne consistait à porter des marchandises d'une partie du camp à une autre – des vêtements, des matériaux de construction, etc. Les dernières semaines de voyage m'avaient affaibli. On m'a jeté une grande pile de couvertures à monter au sommet de la colline. Je me suis senti mal et me suis effondré. Quelqu'un derrière moi a ramassé la pile, me laissant à terre. J'ai repris connaissance et suis redescendu pour aller porter d'autres couvertures.

À Flossenbürg, l'un de mes compagnons de prison lisait les lignes de la main. Je l'ai autorisé à me prédire l'avenir. Il m'a annoncé un bel avenir. Il m'a dit que j'allais survivre. Cette nouvelle m'a considérablement remonté le moral.

Une nuit de grand froid, j'ai gardé la moitié de ma ration de pain pour le jour suivant. J'avais pris soin de la mettre dans mon *eschus*, de la recouvrir d'un petit chiffon et de dormir dessus. Comme j'aurais dû m'en douter, au matin, le pain avait disparu.

Je ne me rappelle pas combien de temps nous sommes restés dans ce camp. La période prévue pour l'évacuation du camp coïncidait avec l'avancée des chars et de l'artillerie de l'Armée américaine. Comme l'Armée américaine se rapprochait de l'Allemagne, Flossenbürg a été subitement évacué. Tout le monde a dû partir. A commencé alors une nouvelle marche en longues colonnes. Ceux qui faisaient le plus pitié à voir étaient les malades. Eux aussi avaient été chassés des baraques. Beaucoup arrivaient à peine à marcher et ont été abattus à la mitrailleuse dans les champs environnants et rapidement enterrés. Nous étions trempés du fait de la pluie incessante. Peu ont survécu. Franz Stocker était l'un des survivants, mais pas pour longtemps. On n'avait oublié ni sa cruauté, ni sa haine. Il a été pendu à un arbre, condamné par ceux qu'il avait torturés.

Le centième jour, il pleuvait à verse, mais l'air printanier se frayait un chemin à travers le brouillard. Les trains ne circulaient plus, toutes les locomotives ayant été détruites sous les assauts des avions alliés. Le crépitement des mitrailleuses était omniprésent. À pied, nous progressions péniblement à travers champs, avec les SS qui gardaient leurs armes braquées derrière nous. Nous avons passé la dernière nuit de marche dans une grange, dormant quelques heures sur de la paille. Dans ce groupe, nous n'étions désormais que deux cents tout au plus et la plupart m'étaient inconnus. À l'aube, on nous a réveillés pour nous préparer à une autre journée de marche de la mort. Je ne sais comment, mais j'ai continué de marcher, coûte que coûte, ne pensant à rien d'autre qu'au jour où tout serait fini. J'ai continué de marcher, pas après pas, heure après heure. Vers midi, j'ai remarqué que nos gardes SS semblaient très agités. Ces grands lâches qui, à peine quelques heures plus tôt, tiraient sur des prisonniers épuisés, se sont soudain mis à courir. Lorsque nous avons quitté la petite forêt et que nous nous sommes retrouvés à découvert, une vision singulière nous est apparue.

Une longue colonne de chars vrombissants se dirigeait vers nous. D'abord effrayés qu'il ne s'agisse d'Allemands en train de battre en retraite, nous nous sommes enfuis dans la direction opposée. Les chefs des chars nous ont fait signe de la main, nous avons arrêté de courir pour les regarder. Une grande étoile argentée sur chaque char nous indiquait qu'il s'agissait d'Américains. J'ai pleuré un peu, mais l'heure n'était pas aux larmes. Un jeune homme, un soldat américain, est arrivé dans une jeep. Il parlait yiddish. Agitant son pistolet, il a rassemblé notre groupe et nous a emmenés dans une petite ferme des environs. Il a ordonné au fermier de nous donner à manger et de nous héberger. Cette nuit du 22 avril 1945, la guerre, pour moi, prenait fin.

Des questions subsistent : comment ai-je pu survivre alors que tant d'autres sont morts ? La façon la plus facile d'y répondre serait de dire que Dieu était avec moi, bien que je ne puisse accepter cette explication puisqu'elle soulève plus de questions qu'elle ne fournit de réponses. Pourquoi, si Dieu était en Europe durant les années 1940, avait-Il permis la montée du nazisme, la destruction des villes, les camps d'extermination, la mort de millions de Juifs et d'autres ? Plus de quarante millions de personnes sont mortes dans les camps, sur les champs de bataille et dans les bombardements de villes. Où était Dieu ? Notre rabbin, à Budějovice, le rabbin Rudolph Ferda, croyait que les Juifs étaient punis pour avoir abandonné leur religion et les préceptes moraux de la Torah. Peut-être y a-t-il une part de vérité là-dedans, mais un Dieu juste punirait-Il de manière si sévère et si impitoyable ?

Plus concrètement, je dirais que je dois ma survie pour 95% à la chance, la chance d'avoir été au bon endroit au bon moment. Les 5% restants sont à attribuer à ma résistance physique, à ma volonté de vivre et à certaines des valeurs morales que m'ont enseignées mes chefs de groupe tels que Arno Erlich, mon chef de dortoir à Terezín. Les fondements qu'ont été mon enfance heureuse d'avant-guerre et le modèle de mes parents ont aussi joué un rôle prépondérant.

Même si je ne peux pas croire que Dieu ait décidé que je vivrais, je suis reconnaissant d'avoir survécu.

Ma vie : 1945-1948

Je n'avais pas encore quinze ans lorsque, quelque part dans la forêt humide de l'Allemagne baignée de sang, mon cauchemar a pris fin. J'étais en vie ! J'ai passé quelques jours à me reposer et à reprendre des forces dans la vieille ferme où m'avait placé le G.I. qui parlait yiddish. Sous ses ordres, la famille allemande a dû s'occuper de moi et de quelques autres anciens détenus. Lors de cette dernière nuit, j'ai dormi dans un lit alors qu'au dehors, durant toute la nuit, les combats de chars faisaient rage. Mon premier repas m'est passé à travers le corps comme à travers une passoire. Ensuite est arrivé le moment de rentrer chez moi. J'avais encore le mince espoir qu'un membre de ma famille soit aussi en train de se rétablir avant de prendre le chemin du retour.

J'ai commencé mon voyage sur le pare-chocs avant d'une jeep conduite dangereusement par un soldat noir américain. Je me cramponnais de toutes mes forces. Nous sommes bientôt arrivés dans un village où un groupe d'environ quarante hommes ont été placés dans un grand camion de l'armée pour être emmenés à la frontière tchécoslovaque. Comment le chauffeur aurait-il pu savoir qu'il devait prendre la direction de l'est ? Nous nous sommes retrouvés à rouler vers l'ouest. Après environ deux heures, nous sommes arrivés dans la ville de Nuremberg. C'était là que les nazis avaient organisé leurs grandes parades. C'est à cet endroit qu'avait été faite l'apologie de la haine et de la guerre. Il fallait voir ce que la ville était devenue. Elle n'était plus que ruines d'où s'échappait encore de la fumée. C'était la fin de la guerre dans laquelle l'Allemagne avait plongé le monde.

Deux jours plus tard, nous sommes arrivés à la frontière. Nous avons vu les drapeaux rouge, blanc et bleu et des visages souriants dans les rues. L'arrivée du printemps avait toujours été gaie ici, mais, en 1945, c'était différent : c'était le début d'une ère nouvelle.

De mon groupe, seuls quelques-uns se dirigeaient vers ma ville natale, Budějovice. Il n'y avait pas de moyen de transport. Les trains ne circulaient pas et les bus n'avaient pas d'essence. Trois d'entre nous ont effectué le voyage à l'arrière d'une camionnette. Lorsque notre véhicule, qui soufflait comme une vieille femme, est arrivé sur la crête d'une colline, les vitesses ont lâché, de même que les freins. J'ai vu le chauffeur sauter de la camionnette. Nous autres étions coincés dans la camionnette et avons commencé à dégringoler jusqu'au bas de la colline. Je me suis dit que ce serait presque drôle que ma vie prenne ainsi fin. Heureusement, ceci n'est pas arrivé. Nous avons terminé notre course dans un fossé peu profond, la camionnette couchée sur le côté. Nous nous sommes alors mis en route tous les trois et nous avons marché pendant des heures. Nous sommes finalement arrivés à une petite gare et nous avons supplié que quelqu'un nous emmène à Budějovice. Après un certain temps, une vieille locomotive à vapeur est apparue, avec un mécanicien et un chauffeur à son bord et ils ont offert de nous emmener dans la petite locomotive. Enfant, j'avais toujours été en admiration devant les trains à vapeur et maintenant j'étais à bord d'un de ces trains pour rentrer chez moi. On ne pouvait s'asseoir nulle part et nous sommes donc restés debout tout le long du trajet. Un autre passager, un homme d'un certain âge qui s'appelait Polevka, n'arrêtait pas de parler. C'est la seule personne que j'aie jamais rencontrée qui me disait que c'était mieux dans le camp parce qu'il n'avait pas à se disputer avec sa femme.

Lorsque nous sommes enfin arrivés à Budějovice, j'avais le visage noir de charbon et mes vêtements étaient déchirés. C'était en début de soirée et j'ai traversé la ville à pied, sans me faire remarquer, en direction de mon ancienne adresse, le 11 rue Jírovcova.

J'ai frappé à la porte des Kocer, le couple qui possédait l'immeuble dans lequel j'avais habité. Une jeune femme a ouvert la porte. Oui, elle m'a reconnu. C'était la femme de l'un des fils Kocer. Elle m'a invité à entrer, m'a dit que je pouvais rester et me mettre à la recherche de ma famille le lendemain. J'ai d'abord voulu prendre un bain. Un vrai bain, dans une baignoire. Mon premier en trois ans ! Ensuite Vera m'a donné à manger, puis elle et Vojtech, son mari, m'ont préparé un lit dans leur propre chambre, sur un canapé, dans un coin.

Notre bel appartement était vide. Peu après la libération, un jeune homme et une femme dont j'avais fait la connaissance m'ont demandé pourquoi je ne souriais jamais. « Comment le pourrais-je ? » leur ai-je répondu. Maintenant que la faim et la peur de mourir avaient disparu, ma douleur et ma tristesse étaient grandes d'avoir vécu l'enfer et d'avoir perdu tous ceux que j'aimais. J'attendais qu'un membre de ma famille revienne. Personne n'est revenu. Cela ne m'a pas vraiment surpris. Peu de Juifs sont revenus. Parmi les survivants, j'ai retrouvé le cousin de ma mère, Karel Ofner. Sa femme, Pavla, n'était pas juive alors il avait été traité un peu mieux que les autres. Les Ofner habitaient un appartement sombre et poussiéreux avec des toilettes situées à l'extrémité d'un couloir obscur. Ces personnes généreuses m'ont recueilli. Il n'y avait pas grand-chose à manger. Pavla préparait chaque jour une soupe épaisse qu'elle servait avec du pain et des pommes de terre.

Je me promenais seul dans les rues de Budějovice. L'odeur de la ville n'avait pas changé. La vieille tour Noire, construite des siècles plus tôt en bordure de la grand-place, était encore plus noire du fait de la suie laissée par la guerre. Quelques personnes m'ont abordé dans la rue et m'ont dit : « Je me souviens de ton père. Il a sauvé la vie de notre enfant. » Les écriteaux placés aux entrées des cinémas, des parcs et des piscines municipales qui disaient « Interdit aux Juifs » avaient été retirés mais il n'y avait plus de Juifs en ville. Mon oncle Karel réfléchissait à mon avenir et moi aussi. Je me suis acheté un livre de textes latins pour débutants et mon oncle et moi nous nous sommes rendus à l'école secondaire pour m'inscrire pour la rentrée suivante. Les couloirs de l'école étaient sombres et le proviseur, qui portait toujours un chapeau trop grand pour lui, était antipathique. Il nous a dit qu'il ne pouvait pas m'inscrire puisque la loi interdisant aux élèves juifs l'accès aux écoles n'avait pas été abrogée. Ne savait-il pas que la guerre était finie et que les nazis avaient perdu ? Stupéfaits, nous n'avons rien dit et sommes repartis.

L'été est arrivé et avec lui sont revenues les promenades avec Zdenek, mon ami d'enfance. Nous allions à la piscine et nous aidions dans le magasin de fruits qui se trouvait en face de l'endroit où j'avais vécu. Je marchais seul jusqu'au terrain de jeu *U Vorisku* qui longeait la Vlatva. Quatre ans auparavant, cet endroit était empli d'éclats de joie et de vie. Désormais, il n'y avait plus un bruit. J'étais partagé entre le sentiment d'une défaite complète et le sentiment d'avoir vaincu Hitler. Il y avait peu de nourriture, mais, comparé aux années de guerre, c'était le paradis. Je n'étais plus en danger. J'étais heureux d'être en vie.

En août, je me suis rendu dans un petit village nommé Dubno pour un mois de rétablissement. Ça a été un mois plein de bonheur. La famille qui possédait l'épicerie locale m'avait accueilli pour que je devienne le compagnon de jeu de leur fils de onze ans, Jena. Il avait trois grandes sœurs qui avaient leur propre vie. Nous allions nager dans un petit étang situé non loin et faisions des balades à bicyclette jusqu'à la ville tout près, Hluboká. J'ai alors eu mon premier « rendez-vous amoureux » qui a été un échec total. Jena me l'avait arrangé avec la fille de 15 ans la plus jolie du village. Nous nous sommes rencontrés dans l'obscurité, sur la place du village. Nous sommes restés debout, l'un près de l'autre, elle regardait dans une direction, moi dans l'autre. J'étais trop terrifié pour pouvoir émettre un son et elle ne m'a pas aidé. Après quelques minutes, qui ont paru être une éternité, nous sommes partis. Le jour suivant, Jena et ses amis de 11 ans voulaient savoir si nous nous étions embrassés. J'ai appris que les petits villageois en savaient plus long sur ces choses que les citadins comme moi, et j'avais encore beaucoup à apprendre avant de pouvoir fréquenter une fille.

À la fin de l'été, j'ai remercié mes hôtes et je suis rentré à Budějovice. Karel Ofner avait des nouvelles pour moi. Ma tante Anna Weiss, la sœur de mon père, était rentrée de Terezín où elle avait été autorisée à rester durant la guerre avec son mari et sa fille Marianne. Leur survie était un miracle. Leur fils Willie s'était caché durant la guerre dans l'appartement de sa petite amie, Sylva, à Prague. Son petit frère Hans était le plus gentil des deux garçons. Durant la guerre, nous étions tous les deux à Terezín où il travaillait comme chef cuisinier. Quand il le pouvait, il me glissait de la nourriture en plus. Hans avait été envoyé plus tard à Auschwitz où il est mort.

Ma tante Anna et mon oncle Max habitaient désormais à Prague et étaient prêts à me loger. Mon oncle Max n'était pas en bonne santé et il est décédé peu après mon arrivée à Prague. J'ai emménagé dans l'élégant quartier de Vinohrady, dans un grand immeuble avec ma tante , une femme stricte, et deux jeunes femmes, toutes deux rescapées des camps. Le moment de reconstruire ma vie était arrivé.

Le reste de ma famille n'était plus. Mon oncle Franz, sa femme Irma et leurs deux enfants, Freddie et Fanci, mon oncle Leopold Jung et toute sa famille, ma tante Randa et ma grand-mère Hermine – tous étaient morts dans les chambres à gaz.

~

Avant la guerre, aller visiter Prague avec mes parents depuis Budějovice était l'un de mes plus grands plaisirs. En temps normal, habiter dans cette grande et belle ville aurait été un plaisir. Pour moi, toutefois, ce retour n'a pas été très joyeux. J'admirais les larges boulevards aux imposants immeubles anciens, les nombreux parcs et les nombreux théâtres, la vue des méandres de la Vltava surplombés par le château Hradčany, les ponts élégants et les salles de concert où je passais de nombreuses heures agréables. J'étais envahi de tristesse quand je pensais à ma famille que j'avais perdue et au traitement inhumain que j'avais subi pour des raisons que je ne comprendrai jamais.

J'avais 15 ans et ma scolarité était devenue mon souci principal. J'étais inscrit dans un *Gymnasium* non loin de mon nouveau domicile. N'étant pas retourné à l'école depuis que j'avais quitté Budějovice en 1942, cela m'a semblé très difficile. Je redoutais en particulier le latin, la physique et les mathématiques. J'ai été placé avec les plus jeunes élèves de l'école – au niveau de la neuvième année d'études au Canada[1]. Nos enseignants, appelés « professeurs », étaient des gens imbus d'eux-mêmes et paranoïaques qui se plaisaient chaque jour à humilier leurs élèves pour lesquels ils éprouvaient une haine réelle. Être appelé au tableau sans y être préparé équivalait à une punition. Les notes étaient attribuées à partir de ces performances et il n'y avait pas de rattrapage. Bien sûr, nos professeurs avaient leurs petits préférés, mais je n'en faisais pas partie. Néanmoins, je faisais de mon mieux et finalement mes notes ont commencé à s'améliorer. Les cours avaient lieu entre huit heures du matin et deux heures de l'après-midi et le samedi, nous terminions à midi. De 1945 à 1948, j'ai tenté laborieusement de rattraper ce que j'avais manqué durant la guerre.

J'ai aussi eu du mal à me faire des amis. Ma tante était stricte et elle ne voulait pas que je me mette à la recherche des amis que je m'étais faits dans les camps. Elle croyait que la seule manière pour moi d'arriver à vivre une vie normale était d'oublier tout ce qui était arrivé dans le passé et de devenir un « Tchèque ». Il est vrai que mon attachement à l'histoire, à la littérature et tout particulièrement à la musique tchèques était très fort et je n'avais jamais vraiment parlé d'autre langue. Mais je n'avais pas l'intention d'abandonner mon passé juif, bien que mon engagement religieux ait été peu prononcé.

Le samedi, le déjeuner était servi tout de suite après les informations de midi que nous écoutions tous avec beaucoup d'anxiété. Ma

1 La troisième année du secondaire au Québec, ou la classe de 3e en France.

tante nous servait de la viande et des pommes de terre. Son fils Willie accompagné de sa femme Sylva étaient les seuls invités. J'aimais ces repas. La conversation était intéressante. Willie était un avocat brillant et travaillait pour une importante compagnie pétrolière. Sylva était actrice et connaissait personnellement le grand dramaturge Karel Čapek. Son père avait été membre du Parlement d'avant-guerre. Willie et Sylva m'éblouissaient de leurs conversations érudites à propos des affaires et de ce qui m'intéressait vraiment : le théâtre et la musique. Ils avaient une vie sociale très active et avaient toujours des commérages intéressants. Sylva me donnait un cours d'anglais une fois par semaine dans leur élégant appartement près de la Vltava.

Le dimanche, c'était au tour de la fille de ma tante, Marianne, et de son mari Karel, d'être invités. Avec eux, nous discutions plutôt de nos problèmes quotidiens, nous discutions par exemple de comment vivre dans la société d'après-guerre. Karel avait l'esprit très pratique et n'était pas du tout sentimental. Il s'empressait de me signaler mes erreurs. J'étais contrarié lorsqu'une trop grande partie de la conversation tournait autour de ce sujet. J'étais l'opposé de Karel. Je n'avais pas l'esprit pratique et j'étais sentimental. J'aimais rêvasser et je supportais mal que l'on me dise ce que je devais faire. Je n'avais que 16 ans après tout. Je savais que je n'avais pas beaucoup d'amis. Le football et le hockey n'étaient pas aussi importants pour moi qu'ils l'étaient pour les autres garçons. Lorsque je lisais, j'aimais lire des livres sérieux. Karel m'apprenait le latin une fois par semaine dans son appartement. Karel et Marianne faisaient de grands efforts pour moi et je savais que je comptais pour eux, mais je préférais quand même la compagnie que nous avions le samedi.

À Prague, j'ai fait l'expérience de la vie trépidante dans une grande ville, avec ses nombreuses activités culturelles. J'ai été initié à la musique par ma tante et sa famille lorsque nous avons assisté à un concert de gala consacré à Beethoven. À partir de ce moment, j'ai désiré en connaître plus. Les compositions faisaient resurgir ma tristesse, ma rage et ma dépression qui laissaient place ensuite à la joie entraînante de la musique. J'ai découvert l'opéra. À la fois théâtre et musique, je le considérais comme l'art le plus élevé. Le samedi après-midi, il m'arrivait souvent de passer deux ou trois heures au balcon du superbe Théâtre national, charmé et enthousiaste à la vue de tout ce qui se passait dans l'orchestre et sur la scène. Je me mettais alors à marcher, comblé de joie, à travers les rues animées de la merveilleuse ville. Durant l'un de nos cours à l'école, on nous a demandé à tous de préparer un petit exposé sur un sujet de notre choix. J'ai choisi Beethoven qui s'était beaucoup battu dans sa vie et avait réussi à contrôler ses crises de colère. Après ma présentation, l'un des garçons les plus brillants m'a dit que j'étais beaucoup trop jeune pour m'intéresser à de tels sujets et qu'il valait mieux que je laisse ça aux « vieilles dames ».

En 1946, j'ai passé le mois de juillet dans un camp de boy-scouts, où je partageais ma tente avec un camarade de classe et ami, Pavel Gottlieb. Son père était mort à Auschwitz, mais Pavel était resté à Prague avec sa mère durant la guerre. Notre camp se situait au bord d'une forêt, le long d'une rivière méandreuse. Cet été-là, le monde a encore une fois commencé à être secoué par des troubles politiques. La guerre avait pris fin seulement un an auparavant et beaucoup de gens avaient souffert ou perdu la vie. On a recommencé à parler de destruction. Staline était furieux. C'était un grand héros aux yeux de beaucoup, mais, pour d'autres, un dictateur dont il fallait se méfier. Dans son propre pays, l'URSS, Staline exerçait une surveillance rapprochée de son peuple et de l'armée et il a commencé à vouloir étendre sa puissance. Ailleurs, les États-Unis avaient lancé deux bombes atomiques sur le Japon et continuaient d'effectuer des tests dans la région. Dans le camp, nous discutions tous de cela, nous demandant s'il se pouvait, comme beaucoup le croyaient, que ceci soit le début de la désagrégation en chaîne de toutes les molécules qui composaient le monde, jusqu'à sa destruction totale.

Mon meilleur ami, Fricek Adler, sa sœur Hana et leurs parents sont retournés en Tchécoslovaquie. Ils avaient survécu à la guerre, d'abord en se rendant en Norvège, puis en Suède, avec toujours une longueur d'avance sur les armées allemandes. Alors que mon père avait été optimiste, s'attendant à ce que les temps difficiles disparaissent après quelques mois, son ami Hugo, lui, avait été réaliste. C'était Zdenka, la mère de Fricek, qui avait poussé leur famille à fuir de pays en pays. Après la guerre, les Adler avaient habité dans les montagnes, dans un sanatorium pour le traitement de la tuberculose où le père de Fricek était directeur.

En août, j'ai fait un long voyage pour aller rendre visite aux Adler. Dès que je suis arrivé, mon admiration pour mon ami Fricek a repris. Ces journées ont été heureuses. Nous allions nager, faisions des balades à bicyclette. Nous lisions des livres, discutions et riions beaucoup. Les Adler menaient une vie de *gentlemen farmers*. Ils faisaient pousser des légumes et élevaient des canards et des lapins. Hana avait 13 ans et était devenue très jolie. Nous discutions de politique, parlions des films qui venaient de sortir et écoutions des disques. Le nouvel État d'Israël, le premier État juif depuis deux mille ans, luttait pour sa création. Hugo y voyait le futur du peuple juif, exactement comme mon père. Alors que mon père n'avait pas agi, Hugo, lui, agissait. Les Adler avaient d'abord échappé à Hitler et ils étaient prêts à s'échapper encore, si nécessaire. Ils sont partis s'installer en Israël peu après sa création[2].

En 1946, nous n'avions pas encore perdu espoir d'assister à l'établissement d'une société libre et démocratique en Tchécoslovaquie. Des élections libres organisées au printemps ont amené au pouvoir une coalition de communistes et d'autres partis. Mais Fricek et moi étions trop occupés à nous amuser pour nous soucier de cela. Je suis rentré à Prague beaucoup plus sûr de moi.

---

2 Mon ami Fricek, qui s'appelle aujourd'hui Yaakov, a marché dans les pas de son père. Il est devenu médecin et, bien des années plus tard, a fini par gravir les échelons de l'armée pour devenir médecin général adjoint dans l'armée israélienne. Il a aussi été médecin militaire en chef dans l'armée israélienne dans le désert du Sinaï en 1973 durant la guerre israélo-arabe [Guerre du Kippour].

~

L'année 1947 est vite arrivée. Les rues de Prague étaient recouvertes de neige et, pour les nombreux et vétustes tramways, circuler en ville est devenu difficile. Les toits de la Malá Strana et du Hradčany étaient d'une beauté inhabituelle. Il y avait de l'espoir dans l'air.

J'ai commencé à rédiger un carnet de notes et, sur la première page, j'ai parlé de mon espoir de paix et de compréhension entre les pays qui avaient été alliés durant la guerre. Ma vie au *Gymnasium* s'est améliorée et je me suis fait quelques amis. J'ai lu *La Guerre contre les microbes* de Paul de Kruif, *Le Livre de San Michele* d'Axel Munthe, la biographie de Madame Curie, *Les Trois Mousquetaires*, tous les livres de Čapek, ainsi qu'un livre romantique sur la vie du meilleur des *Pierrots*. Je voyais aussi un film par semaine. Ma préférence allait aux films sérieux, mais j'aimais aussi la légèreté des comédies musicales hollywoodiennes. Une fois, alors que j'étais dans la file d'attente pour voir un film, j'ai entendu une conversation qui m'a profondément choqué. Les gens qui étaient debout devant moi parlaient des « horribles Juifs » qui revenaient après la guerre et voulaient récupérer leurs biens. J'ai vu des films mémorables, comme *Alexandre Nevsky*, *Abraham Lincoln*, *Les Enfants du paradis* et *Une Question de vie ou de mort*. Mon intérêt pour la musique n'a pas diminué et je me suis familiarisé avec des compositeurs autres que Tchaïkovski et Beethoven. J'en suis venu à aimer Prokofiev, Debussy et Bartok. La vie était difficile dans les années 1940. La dissonance et l'absence d'harmonie en musique reflétaient l'atmosphère générale. Mes journées les plus heureuses étaient celles où j'allais marcher à travers la ville ou faire de la bicyclette avec des amis. C'est alors que je me sentais comme tout le monde.

Malheureusement, la joie de l'après-guerre n'a pas duré longtemps. Les communistes tchèques, soutenus par la Russie soviétique, sont devenus agressifs. Ils voulaient tout le pouvoir – le partage ne figurait pas sur leur programme. Le règne de Staline est devenu de plus en plus cruel. Staline voulait posséder autant de territoires autour de la Russie que possible. Le conflit des superpuissances entre l'Est et l'Ouest, entre l'URSS et les États-Unis, a commencé à affecter nos vies. A surgi alors la menace d'une nouvelle guerre. Il y avait de longues discussions quant à savoir si le communisme valait mieux que la démocratie ou vice-versa. Le rideau de fer a commencé à tomber entre l'Est et l'Ouest. Le système en vigueur en Union soviétique allait devenir la norme dans tous les pays d'Europe de l'Est – s'il n'était pas mis en place par des élections, il le serait par la force. La radio, les journaux et les panneaux d'affichage nous bombardaient de leur propagande quotidienne. Qui allait préserver la liberté et apporter la prospérité à tous, les communistes ou leurs opposants ? Qui étaient les opposants ? Était-ce les fascistes et les capitalistes avides d'argent comme le prétendaient les communistes ? Les gens étaient divisés, chacun soupçonnant l'autre de dissimuler des visées opportunistes derrière des opinions politiques. Tout était confus dans mon esprit. N'était-ce pas l'Ouest qui trahissait notre patrie et qui s'armait maintenant de la bombe atomique ? À partir de quand les choses s'enveniment-elles au point qu'il faille renoncer à la liberté par opportunisme et à partir de quand les arrestations injustifiées deviennent-elles légitimes si elles sont faites pour le bien de la nation ? Il y avait des idéalistes bien-pensants et animés par de bons sentiments qui se jetaient corps et âme dans le communisme. Ils assistaient à des conférences sur Marx et allaient à des manifestations contre les opposants.

Un autre été est passé. Ma tante Anda est venue nous rendre visite d'Innsbruck. Elle avait l'air triste et fatigué. Sa sœur et son frère avaient tous les deux été tués par les nazis. Elle savait, comme tout le monde, que la vie ne redeviendrait jamais comme avant. Son mari, Robert, qui n'était pas juif, avait aidé à la cacher durant la guerre. Dans l'armée autrichienne, Robert avait gravi les échelons jusqu'au grade de colonel, un grade seulement au-dessous de général, mais lorsque les Allemands ont occupé l'Autriche en 1938, il a immédiatement été mis à la retraite parce que sa femme était juive. À partir de ce moment-là, il a consacré sa vie à l'étude de l'histoire et de la chimie et à protéger des nazis sa femme et leurs deux filles, Eva et Pully. Malgré les nombreuses épreuves qu'ils avaient endurées, ils ont tous survécu à la guerre. Durant la visite de ma tante Anda, nous sommes allés au Théâtre national pour assister à une représentation de *La fiancée vendue*, cette merveille de la musique tchèque. J'ai fait la queue pendant des heures pour obtenir des billets – Jarmila Novotna, la plus grande soprano tchèque, était venue de New York pour chanter.

J'ai passé le mois d'août avec les Adler dans les collines de la Moravie. Fricek et moi avons fait une grande balade à bicyclette à travers la Moravie. Il y avait tant de belles choses dans mon pays natal ! Nous avons pu aller jusqu'à Brno, Olomouc et Hodonín, la ville natale du président humaniste et fondateur de la Tchécoslovaquie moderne, Tomáš G. Masaryk. Nous aurions tous souhaité pouvoir entendre sa sagesse à présent – elle nous faisait si cruellement défaut. Lorsque nous sommes rentrés, je suis presque tombé amoureux de Hana qui, âgée de 14 ans, était magnifique. Je faisais de grandes marches avec elle. Quelque chose me disait que la vie allait prendre un nouveau tournant. Je m'attardais dans les jolis bois et le long des clairs ruisseaux.

À l'automne, je suis entré en sixième année du *Gymnasium*[3], connue sous le nom de *sexta*. C'était un enseignement sérieux, à deux ans seulement du redouté *Maturita*, le diplôme de fin d'études secondaires. Après, je devrais décider de ce que je voulais faire de ma vie. Faire des études de médecine et suivre les traces de mon père serait l'idéal, mais en serais-je capable ? Mon manque de revenus pour financer ces études me ferait-il obstacle ? La menace des bouleversements politiques m'en empêcherait-elle ? Serais-je prêt à troquer mon intégrité contre une carte de membre d'un parti politique et à en

---

3 L'équivalent de la onzième année d'études au Canada, de la cinquième année du secondaire au Québec et de la classe de 1ère en France.

suivre aveuglément les directives ? Mes origines juives et bourgeoises me défavoriseraient-elles ? Exprimais-je les mauvaises opinions politiques ? Je lisais les journaux tous les jours, découpant les déclarations importantes des hommes politiques. Économiquement, la situation n'était pas bonne. L'approvisionnement en nourriture diminuait : il y avait de longues files d'attente devant les magasins. Le *Gymnasium* était fermé les jours où il faisait froid à cause de la pénurie de charbon. Ma tante et moi avions commencé à redouter qu'une personne avec de bons contacts politiques n'essaie de mettre la main sur notre bel appartement. Qui nous défendrait ?

Les États-Unis apportaient une aide économique à la Tchécoslovaquie par l'intermédiaire du plan Marshall. Sous la pression de Staline, nous avons refusé cette aide. Le rideau de fer s'est abaissé davantage. J'ai assisté à un concert de musique orchestrale moderne. La cacophonie de la symphonie de Honegger correspondait exactement à ce que nous étions en train de vivre.

Puis la chance m'a souri. L'opportunité m'a été donnée de quitter le pays et d'aller m'installer au Canada, avec le soutien du Comité conjoint de distribution juif américain (l'*American Jewish Joint Distribution Committee*) et du Congrès juif canadien en collaboration avec le Bureau d'aide aux Juifs immigrants (*Jewish Immigrant Aid Services*) et d'autres organisations. J'étais prêt. On m'avait dit qu'en tant qu'orphelin juif habitant en Europe, j'avais le droit de m'installer au Canada – un pays dont je ne savais rien, un endroit où je ne connaissais personne. Tout ce que je savais de ce pays au nom étrange, c'était qu'il se situait en Amérique du Nord.

J'ai posé ma candidature.

Aux environs de Noël, en 1947, je me suis rendu à Budějovice pour quelques jours. Puis est arrivé ce que l'on a appelé le Coup de Prague, qui a fait replonger la Tchécoslovaquie en plein Moyen Âge pour de nombreuses années. Le 12 mars 1948, un groupe de 30 orphelins de guerre, âgés de moins de 18 ans, ont quitté Prague en train. J'en faisais partie. C'est aussi ce jour-là qu'ont eu lieu les funérailles de Jan

Masaryk, le digne fils du grand et très aimé Tomáš G. Masaryk. Jan, qui était ministre des Affaires étrangères, était mort mystérieusement, soit par suicide, soit tué par des agents russes parce qu'il voulait que son pays reste libre. Alors que je faisais mes adieux à Prague, à l'Europe et au vieux monde, j'avais déjà hâte de commencer ma nouvelle vie au Canada. J'avais presque 18 ans et j'avais encore beaucoup de raisons de vivre.

Immigré

Tant de personnes au XXe siècle ont quitté leur patrie pour un nouveau pays. Tous aspiraient à un visa pour l'Amérique du Nord. Le mien est arrivé en 1948. S'il avait été délivré quelques années auparavant, toute ma famille aurait pu venir au Canada et aurait survécu à la guerre.

Je ne me suis jamais considéré comme un sans-abri, un réfugié ou une personne déplacée. C'est moi qui avais décidé de quitter mon pays natal. Je ne l'ai jamais regretté. Ceux qui effectuent le même voyage aujourd'hui, à notre époque du voyage instantané, quittent leur domicile le matin et arrivent avant le dîner. Nous avons quitté Prague tôt le matin par le train express et, après un voyage d'environ seize heures, nous sommes arrivés au port de Bremerhaven, dans le nord de l'Allemagne. La Mer du Nord était houleuse et la traversée a été difficile. Le petit bateau était ballotté de tous bords. Notre groupe comptait environ 35 personnes, des garçons pour la plupart. Nous étions tous des survivants, des orphelins.

Après avoir débarqué en Angleterre, nous avons pris un train pour Londres. À mesure que le train approchait, je pouvais voir la grande ville de Londres, le rêve de tous mes camarades de classe à Prague. Nous sommes restés deux jours dans un entrepôt délabré sur Cheapside, dans le misérable East End de Londres, rempli de pauvres vivant dans des bidonvilles. Quelques-uns d'entre nous se sont aventurés à l'extérieur pour visiter la ville – Buckingham Palace, la Tour de Londres, la célèbre avenue Piccadilly et Leicester Square. Alors que nous nous trouvions à Trafalgar Square, où l'amiral Nelson siège en haut d'une colonne protégée par des lions rugissants, nous avons remarqué un petit homme qui traversait la rue pour venir nous parler.

« Vous réfugiés ? a-t-il demandé.

– Oui, lui avons-nous répondu.

– Juifs ?

– Oui, lui avons-nous dit.

– Accompagnez-moi chez moi et venez rencontrer ma famille. »

Nous avons pris le métro pour aller rendre visite à Phineas Goldenfeld, à sa femme qui avait l'air triste et les cheveux grisonnants, ainsi qu'à leurs deux enfants : Regina, une jeune fille de 18 ans qui portait d'épaisses lunettes et avait les cheveux foncés, et Lennie, un garçon de 11 ans.

« Ces garçons ont survécu aux nazis et ont perdu leurs parents », a expliqué le petit homme à sa famille.

Enervé, Lennie a couru dans la pièce d'à côté et est revenu avec un pistolet en plastique. « Je vais tous les tuer. » Il a été difficile de le calmer. Mme Goldenfeld a servi un modeste repas, puis Phineas nous a raccompagnés à Trafalgar Square. J'ai gardé contact avec cette famille et, par la suite, nous nous sommes revus à chacune de mes visites à Londres.

Le Canada était disposé à nous accueillir et notre voyage était financé par le Congrès juif canadien. Après deux jours passés à Londres, nous étions dans le train pour Southampton. Un grand navire de la fameuse compagnie maritime Cunard Line, l'*Aquitania*, y attendait ses passagers. Le navire avait servi au transport de troupes durant la guerre et avait hébergé plus de 8 000 soldats lors de ses voyages transatlantiques. Une fois à bord, je me suis senti comme une star de cinéma. Le navire ressemblait à un énorme hôtel avec des centaines de chambres, des restaurants, des cinémas et des salles de bal. Il était empli de personnes en tout genre. Mon premier repas dans la salle de restaurant somptueusement décorée se composait de nombreux plats et a été aussi mon dernier. Lorsque le navire a commencé à tanguer, mon estomac m'a donné l'impression d'être comme une baignoire à remous. Il a commencé à se nouer et je me suis rapidement retrouvé sur le pont supérieur, en train de vomir. Je me suis alors rendu dans le dortoir où un lit m'avait été attribué et j'y suis resté les deux jours suivants. Le voyage a duré cinq jours, et s'est fait dans les conditions hivernales les plus rudes. Des vagues aussi hautes que des immeubles ballottaient le pauvre *Aquitania* de tous côtés. Le craquement des murs m'avait presque convaincu que je ne verrais jamais le Canada mais que je me noierais dans les eaux glacées de l'océan Atlantique. Et pourtant, le cinquième jour, les autres passagers m'ont pressé de sortir sur le pont. J'ai revu la terre, une petite tache qui grossissait de plus en plus jusqu'à notre arrivée à quai. Cet immense pays était le Canada – mon nouveau pays.

Vers un nouveau monde

Vers un nouveau monde des vagues m'ont transporté;
Adieu, l'Europe et ses églises anciennes
Loin des rues sinueuses
Et des matelas emplis de sueur…
Vers un nouveau monde, un bateau m'a transporté
Un signe d'adieu à ceux laissés derrière
Eux aussi aimeraient pouvoir recommencer
Mais doivent rester en arrière pour se protéger de…
Vers un nouveau monde, un rêve m'a emporté
Le rêve de ne jamais plus voir couler le sang
Mais pourrai-je un jour oublier
Ces cauchemars qui ont souillé ma jeunesse ?
Retournerai-je un jour vers l'ancien ?
Reverrai-je un jour les pierres de mes pères ?
Devrai-je y retourner
Pour de nouveau mener les anciennes guerres ?

~

Après avoir débarqué du bateau, nous avons traversé en train d'immenses étendues plates, recouvertes d'une épaisse couche de neige. Après un arrêt à Montréal, nous sommes arrivés à Toronto. Nous étions peut-être une vingtaine. Un homme, qui avait compris que nous étions des réfugiés, nous a donné à chacun deux dollars pour que nous n'arrivions pas sans le sou à destination. Notre trajet a pris fin à la belle et immense gare de Union Station. Certains d'entre nous étaient descendus à Montréal, d'autres sont restés à Toronto et d'autres enfin ont continué vers Winnipeg.

Le Toronto de la fin des années 1940 était une ville de taille moyenne aux rues toutes droites. La ville abondait en petites maisons individuelles, situées à l'extérieur du centre-ville. Il n'y avait pour ainsi dire aucun immeuble comme il y en avait en Europe. Les maisons situées à proximité du centre-ville étaient délabrées et serrées les unes aux autres. En périphérie se trouvaient de plus grandes villas entourées de jardins. C'était un pays peuplé de descendants anglais, si bien que chaque maison était un château décoré de fleurs.

Au sud se trouvait le vaste lac Ontario. Contrairement aux villes d'Europe, toutefois, le lac n'était pas intégré au paysage urbain. Dans le centre, les immeubles de bureaux et les magasins étaient de taille moyenne et peu attrayants. À la différence des citadins européens, les Torontois habitaient relativement loin de leur lieu de travail et des magasins. On ne trouvait presque pas de logements au centre-ville et seulement quelques grands hôtels. On ne voyait pas beaucoup d'enseignes lumineuses et il n'existait qu'un nombre limité de cinémas et de restaurants. À mon grand regret, la ville comptait peu de théâtres, de salles de concerts et de galeries d'art et aucun n'avait la splendeur propre à l'architecture européenne. Peu de gens possédaient des voitures privées. Pour se déplacer, il fallait prendre le tramway qui était, à mes yeux, bien plus moderne et plus efficace que celui de Prague. La nuit, l'éclairage était mauvais. Après tout, à peine cent ans auparavant, il n'y avait ici que quelques routes boueuses et une très faible population.

Notre petit groupe a été hébergé dans une grande maison, appelée *Reception Centre*. Des femmes juives bénévoles s'occupaient de ce centre. Plus tard, le Centre est devenu une bibliothèque juive. Durant ces tout premiers jours à Toronto, nous ne nous sommes pas aventurés loin. J'ai compris qu'apprendre l'anglais était une priorité. Quelques adolescentes passaient le soir pour discuter avec nous. Je suis devenu ami avec une fille de 17 ans, beaucoup plus grande que moi, qui était issue d'une famille très pauvre. Elle était très soucieuse du sort de l'humanité, ce qui la faisait pencher pour l'idéologie socialiste. Nous faisions de longues promenades et j'essayais de la convaincre que l'idéologie socialiste qui, en apparence, était du côté « du peuple », était essentiellement quelque chose dont se servait le parti communiste pour justifier ses propres pratiques qui, elles, étaient injustes et inhumaines. Mon anglais était trop mauvais pour me permettre d'exprimer tout cela[1]. Nous étions en avril et en période scolaire. On m'a pressé de m'inscrire dans une école publique des environs et je suis allé quelques jours dans une classe de garçons de 12 ans, me contentant d'écouter. Cette expérience ne m'a pas semblé seulement ennuyeuse, mais aussi humiliante. Après tout, à peine quelques mois auparavant, je traduisais du latin des passages du poète Ovide.

Quelques mots sur certains de mes compagnons de voyage avec lesquels je suis resté en contact. Tomy N. était de deux mois mon aîné. Il était beau, son nez et son menton étaient finement ciselés. Tomy était apprécié des filles et avait du succès auprès d'elles. Plus tard, il est devenu riche. Il n'a jamais eu de doutes sur lui-même, il n'a jamais fait de dépression, comme cela a été mon cas. Parfois, je l'enviais. Puis il y avait Alex S. Rien ne l'ennuyait jamais. La première fois que je l'ai rencontré, à Prague, il vivait avec une fille de 16 ans qui s'attendait

---

1 Des années plus tard, cette fille a épousé un homme qu'elle avait rencontré à l'une de ces « réunions socialistes. » Il a fini par sombrer dans l'alcoolisme et l'a laissée seule avec six enfants.

à ce qu'il l'épouse, ce qui était absolument hors de question à cette époque pour Alex. Alex était fort, beau et avait un rire chaleureux. À Toronto, il est devenu coiffeur et, des années durant, je traversais la ville pour une coupe de cheveux et pour qu'il me remonte le moral. Il y avait aussi quelques filles dans notre groupe. L'une d'elles, Miriam, est restée mon amie durant longtemps. C'était une personne formidable qui, à l'âge de 14 ans, avait été gravement blessée à Auschwitz mais avait survécu. Miriam boitait lorsque nous nous sommes rencontrés pour la première fois à Prague. C'était la plus enjouée de nous tous. Toujours joyeuse, elle chantait dans les moments qui semblaient difficiles. Elle était issue d'une famille juive pratiquante de Trieste, elle parlait les langues slaves aussi couramment que l'italien. À Toronto, Miriam a été accueillie par une famille juive orthodoxe et s'est mariée relativement jeune. En 1991, elle était grand-mère de dix enfants.

Les rayons de soleil éclatants durant mon premier printemps à Toronto m'ont réchauffé et m'ont préparé à un futur meilleur. Mon premier travail a consisté à desservir les tables dans un magasin de beignets. Je gagnais assez d'argent pour manger et me loger et j'ai économisé pour m'acheter une bicyclette toute neuve. J'ai eu 18 ans le 6 juin 1948. Je ne me doutais pas que beaucoup de bonnes choses m'attendaient.

Alors que les luttes idéologiques s'intensifiaient dans mon ancienne patrie, je me concentrais sur ma nouvelle vie au Canada. Comme nouvel arrivant au Canada, j'ai appris à être indépendant. J'ai dû trouver du travail pour financer mes études et m'installer dans une vie aussi normale que possible. Je ne suis pas devenu médecin comme j'en rêvais quand j'étais petit. Au lieu de cela, j'ai obtenu un diplôme de comptable, profession respectable. En tant qu'expert-comptable, j'avais un emploi stable, plutôt bien rémunéré et que j'ai continué d'exercer jusqu'à ma retraite en 1989, plus de 40 ans après mon arrivée au Canada.

Je n'ai jamais abandonné mon amour pour l'art et la musique. Dans ma jeunesse, j'avais lu les principaux auteurs européens, mais je ne suis jamais vraiment devenu un homme instruit. J'ai continué de douter de moi et de l'humanité. Je ressentais toujours profondément les difficultés qui accablaient les autres peuples et cela me causait de la peine. La vie paisible dont moi-même j'avais profité n'est jamais devenue réalité dans le reste du monde.

Le 21 juin 1958 a été le plus beau jour de ma vie. C'est le jour où j'ai rencontré l'amour de ma vie, Nora, que j'ai épousée un an plus tard dans la synagogue d'une petite ville de l'Ontario. Elle était venue au Canada de Tchécoslovaquie avec ses parents, juste avant que la guerre n'éclate. Aujourd'hui, des décennies plus tard, c'est avec satisfaction que je regarde en arrière. Nous avons mis au monde trois magnifiques filles et nous sommes désormais grands-parents de deux filles, une troisième est à venir.

Pendant 25 ans, nous avons élevé notre famille et créé un bon foyer pour nos enfants. Alors que je travaillais pour le gouvernement, Nora a élevé nos enfants. Elle ne s'est jamais servie de son diplôme universitaire de gérante d'hôtel, mais a mis en pratique son savoir lorsqu'elle prenait soin de notre famille. Son dynamisme l'a amenée à s'engager dans une grande variété d'activités pour notre communauté. Depuis ma retraite en 1989, je participe moi aussi à de nombreuses activités en tant que bénévole. Nous avons aussi profité de notre maison secondaire à la campagne durant de nombreuses années. Nous aimons jardiner et lire. Nora fait de l'artisanat et nous aimons être ensemble.

Je suis retourné de nombreuses fois en Europe, en quête de beauté et aussi par plaisir. Une fois, en 1956, j'ai effectué seul un « grand tour » des principales capitales européennes. Lors des voyages qui ont suivi, j'étais toujours accompagné de ma femme bien aimée, Nora. Quelquefois, nos enfants se sont joints à nous. En 1989, nous avons eu l'autorisation de visiter la République tchèque, le pays de notre naissance. L'Italie et Israël demeurent nos destinations préférées. Nous aimons l'Italie du fait de ses magnifiques paysages, de ses trésors artistiques et de son mode de vie. Pour ce qui est d'Israël, notre penchant est plutôt d'ordre affectif: c'est un pays où notre peuple a survécu et a pu s'épanouir dans des conditions très difficiles. Nos filles nous ont imités, elles aiment les voyages et, pour elles aussi, Israël tient une large place dans leur cœur.

Dieu a été bon avec moi. Je ne nie pas Son existence, mais c'est avec beaucoup de doutes que je prie.

Épilogue

Le 5 mai 1990 a été un jour mémorable. Quelque 400 visiteurs venus du monde entier se sont retrouvés au kibboutz Givat Chaim en Israël pour se rappeler et rassembler des souvenirs, pour chanter et commémorer. La guerre avait pris fin 45 ans auparavant. Il s'agissait de la réunion des personnes détenues à Terezín entre 1942 et 1945. Il y a eu des larmes de tristesse et de joie.

Parmi ces personnes d'un certain âge se trouvaient les garçons de Birkenau, avec leurs femmes et leurs amis. Parmi nous, dix-sept avaient passé le tout début de leur adolescence – entre juillet 1944 et janvier 1945 – dans le camp, alors que la guerre faisait rage et que les nazis exécutaient leur projet d'extermination du peuple juif sous nos yeux. Nous étions 89 lorsque Mengele nous a sélectionnés dans le *Familienlager*, le 6 juillet 1944. Seuls 45 d'entre nous ont survécu à la guerre et nous sommes ensuite allés nous installer aux quatre coins du monde.

Le 6 mai 1990, nous nous sommes assis dans une vaste salle dans le kibboutz et nous avons raconté nos histoires. Le soleil brillait lorsque nous nous sommes levés à tour de rôle pour discuter de notre passé et de notre présent. Ça a été une journée pleine de joie et d'émotion. Nous avons décrit nos vies et ce que nous avions fait une fois que notre liberté nous avait été rendue. Nous étions tous heureux d'être en vie et d'être réunis pour cette occasion. Nous étions venus pour la plupart avec nos épouses et nous avons parlé de nos enfants et de nos petits-enfants. Nous avons raconté ce que nous étions parvenus à réaliser et avons récité une prière pour ceux qui n'avaient pas survécu. Ensuite nous sommes rentrés à l'hôtel dans la ville voisine de Netanya. Nous avons passé les quelques jours suivants au bord de la mer ou à voyager à travers ce pays magnifique, admirant les sites touristiques et les habitants. Pour Nora et moi, il s'agissait de notre septième voyage en Israël. Cette fois-là, toutefois, nos émotions ont été particulièrement intenses du fait des magnifiques journées que nous avons passées en compagnie de nos amis de jadis. Nous nous sommes promis de nous revoir.

Cartes & photographies

DANEMARK
Mer du Nord
Mer Baltique
LITUANIE
PRUSSE-ORIENTALE (ALLEMAGNE)
VILLE LIBRE DE DANTZIG
UNION SOVIÉTIQUE
Bremerhaven
Oranienburg
Berlin
POLOGNE
Elbe
ALLEMAGNE
SUDÈTES
Theresienstadt (Terezín)
Prague
Auschwitz
Vltava
Flossenbürg
Nuremberg
TCHÉCOSLOVAQUIE
Suceava
Vienne
Innsbruck
AUTRICHE
HONGRIE
ROUMANIE
SUISSE
ITALIE
Trieste
YOUGOSLAVIE
0 kilomètres 300
0 miles 200
Frontières de 1937
© 2007 Sir Martin Gilbert pour la Collection Azrieli des mémoires de survivants de l'Holocauste

Frontières de 1937
ALLEMAGNE
SUDÈTES
Theresienstadt
(Terezín)
Elbe
Prague
TCHÉCOSLOVAQUIE
BOHÊME
Flossenbürg
Vltava
Písek
Dubné
Hluboká
České Budějovice
Montagnes de la
Šumava
0 kilomètres 50
0 miles 40
AUTRICHE
Moravská
Ostrava
Olomouc
Brno
MORAVIE
Hodonín
© 2007 Sir Martin Gilbert pour la Collection Azrieli des mémoires de survivants de l'Holocauste

John Freund à l'âge de 10 ans (České Budějovice, 1941).

1

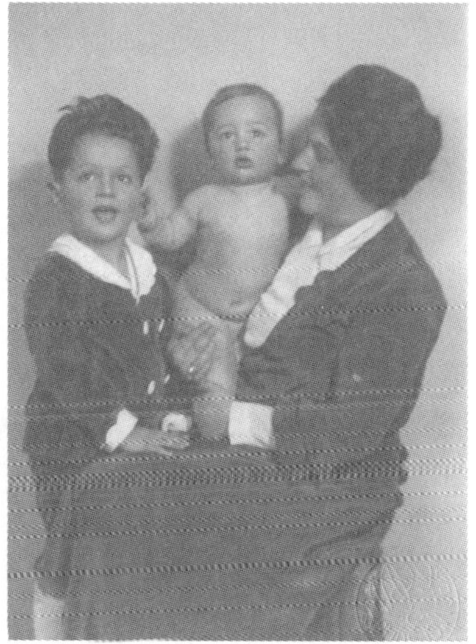

2

3

1 Erna Jung Freund, la mère de John, à l'âge de 19 ans (Pisek, Tchécoslovaquie, 1917).

2 John Freund, bébé, sa mère Erna, ainsi que son frère aîné Karel (České Budějovice, 1930).

3 John Freund (à gauche), âgé de 11 ans, ses parents, Erna et Gustav, et son grand frère Karel (vers 1941).

1

2

1 Des enfants juifs de la ville natale de John Freund. Autoproclamés les *solelim* (les bâtisseurs). John (tout à droite) et le deuxième garçon à partir de la gauche sont les seuls à avoir survécu (České Budějovice, 1941).

2 John Freund, âgé d'environ 10 ans (sur le devant) en compagnie d'autres enfants juifs. À part John, le seul autre survivant est le garçon portant un haut noir dont la mère n'était pas juive (České Budějovice, 1940).

Ces quatre illustrations sont des pages du magazine *Klepy* (Potins). Dans chaque numéro, les dessins étaient faits à la main et le texte tapé par John Freund et ses amis durant les étés 1940 et 1941. Les numéros originaux sont conservés au Musée juif de Prague (*Židovské muzeum v Praze*). Le magazine avait pour mission de « [...] prouver que nous conservons un esprit sain et le sens de l'humour et que nous ne sommes pas amoindris par les difficultés quotidiennes. Que nous sommes capables, dans les moments où nous nous reposons de notre labeur, de nous occuper l'esprit avec des idées qui en valent la peine et de faire de l'humour. »

Ces quatre illustrations sont d'autres exemples de pages du magazine *Klepy*. En haut à gauche, on reconnaît John Freund en train de s'adonner au passe-temps préféré de son enfance. En haut à droite, on reconnaît son frère, Karel Freund, et l'amie de celui-ci, Susan Kopperl – le texte de l'Illustration signifie : « Tu es unique au monde ».

1

2

3

1 Immeuble dans lequel John Freund a habité de sa naissance à 1942. Photo prise par un ami (České Budějovice, 1950).

2 Gustav, le père de John Freund, et sa mère Erna (juin 1941).

3 (De gauche à droite) Leopold Jung, oncle maternel de John Freund, avec sa femme Manja et les cousines Eva et Hannah (John ne peut les identifier individuellement) (Prague, 1938).

1 Tante Anna (Anda) d'Autriche, sœur de sa mère Erna (Prague, 1946).

2 John Freund, âgé de 15 ans, dans une aire de baignade (České Budějovice, 1945).

3 En route pour le Canada à bord du paquebot *Aquitania*. (De gauche à droite) Tomy, Miriam et John Freund (1948).

4 John, à 18 ans (à droite) avec son ami Tomy N. à bord du *SS Aquitania*, en route pour le Canada (mars 1948). Tomy et John sont toujours amis.

1

2

3

1 John Freund, à son premier travail, en face du magasin de beignets Downy-Flake à Sunnyside (Toronto, 1948).

2 John Freund, âgé de 20 ans (Toronto, près de l'intersection des rues Bathurst et College, 1950).

3 John Freund et tante Anna, la sœur de son père (Canada, 1959).

1

2

1 John Freund et sa femme Nora (Toronto, 2007).

2 John Freund (à droite), ses petits-enfants Jonah, Karly, Jack, Orlee, Michayla, Shira, Arielle, Gideon, Emily et Amanda, et son gendre Daniel Bell (à gauche), (Canada, 2006).

Glossaire

Ančerl, Karel (1908-73) Chef d'orchestre tchécoslovaque de renom. Il fut chef d'orchestre pour Radio Prague de 1933 à 1939. Durant l'Holocauste, Ančerl fut déporté à Terezín, puis à Auschwitz. Après la guerre, il recommença sa carrière comme chef d'orchestre pour Radio Prague, puis fut pendant 18 ans directeur artistique de l'Orchestre Philharmonique de Tchécoslovaquie. En 1968, Ančerl émigra à Toronto, en Ontario, où il dirigea l'Orchestre Philharmonique de Toronto jusqu'à sa mort en 1973.

Auschwitz Nom allemand de la ville d'Oświęcim [polonais], ville située dans le sud de la Pologne à environ 37 kilomètres de Cracovie. C'est aussi le nom du plus grand complexe concentrationnaire construit dans la région. Le complexe d'Auschwitz comprenait trois camps principaux: Auschwitz I, un camp de travail forcé construit en mai 1940; Auschwitz-Birkenau, un camp de la mort construit au début de l'année 1942 et Auschwitz-Monowitz, un camp de travail forcé construit en octobre 1942. C'est à Auschwitz I que fut testé en 1941 le gaz mortel Zyklon B comme méthode de massacre de masse. Le complexe d'Auschwitz fut libéré par l'armée soviétique en janvier 1945.

Bar Mitzvah Correspond à l'âge de 13 ans, âge auquel un garçon juif devient responsable de ses actes du point de vue religieux et moral et est considéré comme un adulte lors des offices à la synagogue. Correspond aussi à une cérémonie à la synagogue consacrant l'accès à ce statut, le garçon étant invité à lire la Torah devant l'assemblée.

Beneš, Edvard (1884–1948) Deuxième et quatrième président de la Tchécoslovaquie (1935–1938 et 1945–1948).

Blockälteste [mot allemand] Prisonnier désigné par les autorités allemandes pour être le chef de baraque; il était chargé de faire respecter l'ordre et certains privilèges lui étaient accordés.

České Budějovice [en allemand: Budweis] Petite ville du sud de la Bohême, en République tchèque, possédant une communauté juive dont la présence est attestée depuis 1867. Durant l'entre-deux-guerres, la population juive de la ville s'élevait à un peu plus d'un millier.

Camp Familial [en allemand: *Familienlager*] Section spéciale d'Auschwitz-Birkenau destinée à accueillir les Juifs déportés de Terezín en septembre 1943 et en décembre 1943. Les prisonniers étaient forcés d'écrire des cartes postales à leurs familles et à leurs amis restés à Terezín pour contrer les rumeurs d'extermination des Juifs par les nazis. De nombreux prisonniers du Camp Familial furent assassinés dans des chambres à gaz les 8 et 9 mars 1944. D'autres furent déportés vers des camps de travail forcé en juillet 1944. Le groupe restant fut assassiné les 10 et 12 juillet 1944 dans les chambres à gaz.

Coup de Prague Prise du pouvoir non violente par le Parti communiste en Tchécoslovaquie en février 1948, conduite par le leader communiste Klement Gottwald, mettant officiellement fin à la démocratie.

Flossenbürg Quatrième camp de concentration construit en Allemagne, créé en 1938. Au moment de sa libération par l'armée américaine le 23 avril 1945, 11 000 prisonniers y avaient été déportés. Trois jours avant sa libération, plus de 10 000 prisonniers furent contraints d'effectuer une marche de la mort. Le 26 avril

1945, une unité de l'armée américaine sauva les survivants de cette marche de la mort.

ghetto Espace d'habitation confiné destiné aux Juifs. Le terme remonte à 1516 et vient de Venise, en Italie, où il désignait une loi contraignant tous les Juifs à vivre sur une île isolée et close, connue sous le nom de Ghetto Nuovo. Pendant tout le Moyen Âge, en Europe, les Juifs étaient souvent confinés de force dans des quartiers clos. Durant l'Holocauste, les nazis ont contraint les Juifs à vivre dans des ghettos délabrés, surpeuplés et insalubres, dans certaines villes. La plupart des ghettos étaient entourés de murs en briques ou de barrières en bois avec des fils barbelés électriques.

Gymnasium [mot latin d'origine grecque : école; en tchèque : *gymnázium*] École secondaire dans les pays d'Europe centrale, correspondant aux huit dernières années d'études scolaires. Le diplôme du *Gymnasium*, appelé *Maturita* en République tchèque et en Slovaquie, correspond au diplôme collégial au Québec et au baccalauréat en France.

Hanukkah [mot hébreu : inauguration, dédicace] Fête juive de huit jours célébrée en décembre pour commémorer la victoire des Juifs sur les conquérants étrangers qui profanèrent le Temple au deuxième siècle avant notre ère. Cette fête célèbre la Nouvelle Dédicace du Temple et le miracle de sa lampe qui brûla pendant huit jours sans huile. À cette occasion, on allume un chandelier à huit branches appelé *menorah*.

kapo Prisonnier de camp de concentration nommé par les SS pour surveiller le travail forcé effectué par d'autres prisonniers.

kibboutz Ferme ou implantation collective en Israël, gouvernée démocratiquement par ses membres.

Ma'oz Tsur [mot hébreu : « Éternel notre rocher »] Chant juif traditionnellement chanté après que les bougies du chandelier à huit branches sont allumées pendant la fête juive de Hanukkah.

Masaryk, Jan (1886–1948) Fils de Tomáš G. Masaryk, fondateur et premier président de la Tchécoslovaquie. Après avoir étudié en Tchécoslovaquie et aux États-Unis, Jan Masaryk fut ambassadeur de la Tchécoslovaquie au Royaume-Uni jusqu'à ce que son pays soit envahi par les Allemands en 1938. Durant la Deuxième Guerre mondiale, Jan Masaryk fut ministre des Affaires étrangères du gouvernement tchèque en exil, fonction qu'il conservera au sein du gouvernement provisoire de coalition du Front national établi en Tchécoslovaquie après la libération du pays en 1945. En 1948, à la suite de la consolidation d'un gouvernement communiste dirigé par les Soviétiques, Jan Masaryk fut retrouvé mort, en pyjama, dans la cour de son immeuble. Il y a encore débat aujourd'hui quant à savoir si, comme le prétendit à l'époque le gouvernement communiste, il s'était suicidé ou avait été défenestré par des malfrats proches du Parti communiste.

Masaryk, Tomáš G. (1850–1937) Considéré comme le fondateur de la Tchécoslovaquie et nommé chef du gouvernement tchécoslovaque provisoire en 1918. Premier président (1920–1935). Connu pour ses fortes prises de position publiques contre l'antisémitisme.

Mengele, Josef (1911–1979) Nommé médecin de garnison SS à Auschwitz en 1943, responsable de la sélection des prisonniers qui étaient valides pour le travail forcé et de ceux qui seraient immédiatement tués dans les chambres à gaz. Il dirigea des expériences sadiques sur des prisonniers juifs et tziganes.

Oranienburg (Sachsenhausen) Camp de concentration situé au nord de Berlin, en Allemagne, créé en vue d'emprisonner les éléments subversifs.

Pâque juive [en hébreu : *Pessah*] Fête du printemps commémorant l'exode des Israélites d'Égypte et leur libération de l'esclavage; événement commémoré par le *Séder*, une fête rituelle durant laquelle cette histoire est racontée, et par le fait de manger du pain sans levain (des *matzoth*).

Rollwagen Kommando [mots allemands : unité chariots] Prisonniers de camp de concentration chargés de remplir, de vider et de pousser un grand chariot de bois.

Sonderkommando [mot allemand : unité spéciale] Prisonniers des camps de concentration chargés de retirer les cadavres des chambres à gaz, de les charger dans les crématoriums et d'en disperser les cendres.

SS [terme allemand, acronyme de *Schutzstaffel* : escouade de protection] Organisation créée par Hitler en 1925 afin d'assurer sa protection et celle d'autres dirigeants du Parti nazi. Sous la direction de Heinrich Himmler, les SS furent transformés en un corps d'élite dont les membres étaient sélectionnés sur des critères raciaux. Le nombre de membres augmenta de 280 en 1929 à 50 000 lorsque les nazis prirent le pouvoir en 1933, jusqu'à près de 250 000 à la veille de la Deuxième Guerre mondiale. En 1934, les SS endossèrent la plupart des fonctions de la police, y compris celles de la Gestapo, la police secrète d'État. Les SS administraient les camps de concentration, persécutaient les Juifs et supprimaient les opposants politiques en utilisant les méthodes les plus brutales.

Terezín [en allemand : Theresienstadt] Ville fortifiée de la République tchèque, située à 60 kilomètres au nord de Prague, qui servit de ghetto entre 1941 et 1945. Du 24 novembre 1941 au 30 mars 1945, 73 468 Juifs du protectorat allemand (la Bohème et la Moravie) et du Reich grand-allemand (dont l'Autriche et une partie de la Pologne) furent déportés à Terezín, la majorité arrivant en 1942. Terezín servit aussi à enfermer les Juifs « en vue », parmi lesquels des vétérans de guerre décorés, des artistes, des musiciens, ainsi que des orphelins. Plus de 60 000 personnes en furent déportées vers Auschwitz ou d'autres camps d'extermination. Terezín était présenté comme un ghetto « modèle » à des fins de propagande. Il s'agissait de montrer aux délégués de la Croix-Rouge internationale (entre autres) le traitement « humain » réservé aux Juifs et ainsi contrer les informations parvenant aux Alliés à propos des atrocités nazies et du massacre de masse. Le ghetto fut libéré par l'Armée rouge soviétique le 8 mai 1945.

Tziganes [terme commun pour désigner les Sintis et les Roms] Peuple nomade qui parle romani, une langue indo-européenne. À l'instar des Juifs, ils étaient considérés par les nazis comme une race inférieure et furent la cible du génocide. À Auschwitz-Birkenau, plus de 20 000 Tziganes furent assassinés. À la fin de la guerre, entre 250 000 et 500 000 avaient été victimes du génocide nazi.

Index

La mission de la Fondation Azrieli est d'apporter son soutien à de nombreuses initiatives dans le domaine de l'éducation et de la recherche. La Fondation Azrieli prend une part active à des programmes relevant du domaine des études juives, des études d'architecture, de la recherche scientifique et médicale et des études artistiques. Parmi les initiatives reconnues de la Fondation figurent le Programme des mémoires de survivants de l'Holocauste, qui rassemble, archive et publie les mémoires de survivants canadiens, l'*Azrieli Institute for Educational Empowerment*, un programme innovateur qui apporte un soutien aux adolescents à risques et les aide à rester en milieu scolaire, ainsi que l'*Azrieli Fellows Program*, un programme de bourses d'excellence pour les second et troisième cycles des universités israéliennes. L'ensemble des programmes de la Fondation sont présentement mis en œuvre au Canada, en Israël et aux États-Unis.

L'Université York a créé en 1989 le premier centre de recherche interdisciplinaire en études juives au Canada. Au fil des ans, le Centre d'études juives Israel et Golda Koschitzky de l'Université York (CJS) a obtenu une reconnaissance nationale et internationale pour son approche dynamique de l'enseignement et de la recherche. Tout en fournissant un enseignement en profondeur de la culture juive et des études classiques, le Centre comprend aussi une composante résolument moderne et s'intéresse de près à l'étude de la réalité juive canadienne. L'Université York est un pionnier au Canada dans le domaine de l'Holocauste. Le Centre s'investit dans l'étude de l'Holocauste au travers de la recherche, de l'enseignement et de l'engagement communautaire de ses professeurs. Il propose un programme de second cycle en études juives et hébraïques ainsi qu'un programme d'études unique en son genre sur l'Holocauste et le racisme, conçu en collaboration avec le Centre d'études allemandes et européennes, à l'attention des étudiants en éducation canadiens, allemands et polonais.